KARTE
UND KOMPASS

Karl Thöne und Edwin Kaufmann

parkland

Ausschnitte aus der Landeskarte der Schweiz mit Bewilligung des Bundesamtes für Landestopographie vom 19. 5. 1988

Seite 9, Abb. 3: Landeskarte 1:25 000, Blatt 1147 Burgdorf, reduziert.

Seite 18, Abb. 10a und 10b: Landeskarte 1:25 000, Blatt 1146 Lyss, reduziert.

Seite 19, Abb. 11: Landeskarte 1:50 000, Blatt 213 Basel, reduziert.

Seite 24, Abb. 13: Landeskarte 1:25 000, Blatt 1186 Schwarzenburg, reduziert.

Seite 25, Abb. 14: Landeskarte 1:25 000, Blatt 1186 Schwarzenburg, reduziert.

Seite 29, Abb. 18: Landeskarte 1:25 000, Blatt 1167 Worb, reduziert.

Seite 30, Abb. 19: Landeskarte 1:25 000, Blatt 1186 Schwarzenburg, reduziert.

Seite 45, Abb. 31: Landeskarte 1:25 000, Blatt 1187 Münsingen, reduziert.

Seite 47, Abb. 33: Landeskarte 1:25 000, Blatt 1187 Münsingen, reduziert.

Seite 48, Abb. 34: Landeskarte 1:25 000, Blatt 1167 Worb, reduziert.

Seite 49, Abb. 35: Landeskarte 1:25 000, Blatt 1107 Balsthal, reduziert.

Seite 51, Abb. 37: Landeskarte 1:25 000, Blatt 1187 Münsingen, reduziert.

Seite 52, Abb. 38: Landeskarte 1:50 000, Blatt 262 Rochers de Naye, reduziert.

Seite 75, Abb. 54: Ausschnitt aus einer OL-Karte, Raum Etzelkofen–Fraubrunnen, reduziert.

Zeichnungen und Fotos:
Edwin Kaufmann

parkland

23. Auflage, 1992
© Parkland Verlag, Stuttgart
Herstellung: Druckerei Ernst Uhl, Radolfzell
ISBN 3-88059-636-0

Inhalt

Edwin Kaufmann, 1934 in Basel geboren, war zuerst Schriftsetzer und dann Lehrer an der Sekundarschule in Basel. Seit 1964 an der Rudolf-Steiner-Schule in Bern tätig. Pädagogische Veröffentlichungen in den «Schulmitteilungen», seit 1978 Redaktor. Neben einer großen Familie zwei Hobbys: das Kind und das Buch.

Karl Thöne, 1897 in Basel geboren, Chemiestudium, Autor von populären naturwissenschaftlichen Artikeln und Büchern verschiedener Wissensgebiete. 25 Jahre Redaktor des Jugendjahrbuches «Helveticus» und anderer Verlagswerke. Seit 1953 als freier Schriftsteller in Gümligen (Bern) tätig.

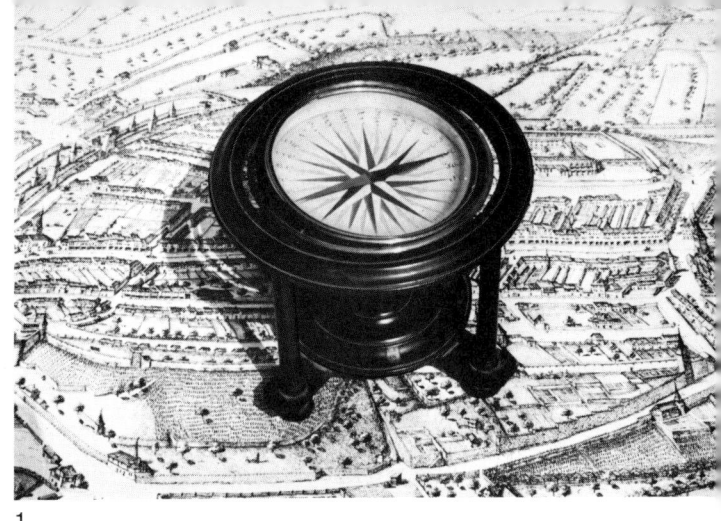

1

Dieser Kompaß (Abb. 1) zierte einst das Steuerhaus eines stolzen Dreimasters. Die heutigen Instrumente sind handlicher und übersichtlicher. Trotzdem will ihre Handhabung gelernt sein. Es genügt nicht, dieses Büchlein nur zu lesen, ohne die dargestellten Griffe praktisch zu üben. Der richtige Gebrauch von Kompaß und Karte eröffnet neue Möglichkeiten, sich im Gelände zu bewegen und zu orientieren. Hat man einmal Weg und Richtung verloren oder wird von Dunkelheit, Nebel oder Schneesturm überrascht, so leisten diese Hilfsmittel sogar unersetzliche Dienste, vorausgesetzt, daß man mit ihnen umzugehen versteht. Dazu soll dieses Büchlein eine Anleitung geben.

Der Kompaß

Nähern wir dem Kompaß das Ende eines gewöhnlichen Magneten, so richtet sich die Magnetnadel sofort darauf ein. Bringen wir ihn zum zweiten Ende (nicht zu nahel), so dreht sich die Nadel und zeigt mit ihrer anderen Spitze darauf. Mit diesem kleinen Versuch können wir sehen, daß jeder Magnet, also auch die Nadel unseres Kompasses, zwei verschiedene Enden hat. Je nachdem, welche Enden zweier Magneten wir zusammenbringen, zeigt sich Anziehung oder Abstoßung. Aber auch die Erde verhält sich wie ein großer Magnet, nur ist die Wirkung etwas schwächer. Doch jeder frei drehbar aufgehängte Stabmagnet richtet sich nach kurzer Zeit in eine bestimmte Lage und bleibt in der Nord-Süd-Richtung. Das Ende, welches gegen Norden zeigt, heißt Nordende, bei der Magnetnadel Nordspitze.

Daß die Erde neben ihren Drehpolen auch zwei magnetische Pole besitzt, hat der englische Hofarzt Gilbert 1600 erstmals beschrieben. Doch schon im Jahre 230 haben wandernde Völker in den weiten Steppen Chinas Magnetweiser auf kleinen Wagen mitgeführt. In Europa wurde der Kompaß anfänglich in der Schiffahrt benützt. Bis dahin hatten sich die Seefahrer nach dem Polarstern im Sternbild des Kleinen Bären orientiert. Nach diesem «Bären», griechisch **arktos,** erhielt das Nordpolargebiet den Namen Arktis, während das Südpolargebiet Antarktis (= Gegenarktis) genannt wurde.

Die Seefahrer verwendeten den Kompaß, ohne zunächst auf die Orientierung nach den Sternen zu verzichten. So bemerkten sie bald, daß der arktische Magnetpol und der geographische Pol nicht übereinstimmen. Aufgrund genauer Messungen weiß man, daß der magnetische Pol weitab vom geographischen liegt und im Laufe der Zeit sogar wandert. Gegenwärtig befindet er sich im Gebiet der Parryinseln, Nordkanada. Deshalb muß, will man die Windrose des Kompasses nach den Himmelsrichtungen einrichten, die Nordspitze der Magnetnadel etwas westlich der Nordmarke zeigen. Diese Abweichung heißt Mißweisung oder Deklination. Darum ist auf der Windrose auch eine Deklinationsmarke angebracht (Abb. 2).

Je nach der geographischen Lage ist die Deklination verschieden, · variiert aber innerhalb Mitteleuropas nicht sehr stark: Bern, Köln: 4°; Basel, Zürich, Stuttgart, Hannover: 3°; München, Berlin, Linz: 2°; Wien 1°.

Da sich die Deklination im Laufe der Zeit ändert, kann man die Marke bei manchen Instrumenten verstellen. In Optikerläden ist der genaue Deklinationswert zu erfahren.

Der einfache Kompaß besteht aus einem Gehäuse, in welchem die Magnetnadel über einer Windrose leicht drehbar gelagert ist. Die Stahlnadel ist magnetisiert. Ihre Nordseite ist besonders bezeichnet, entweder blau oder rot, oft mit Leuchtstoff versehen. Bei einigen Modellen ist die Kompaßdose mit einer Flüssigkeit gefüllt. Dadurch werden die zitternden Bewegungen der Nadel gedämpft, was ein schnelleres und sichereres Ablesen erlaubt.

Die Windrose bestand früher aus einem Kranz, der Haupt- und Zwischenrichtungen darstellte. Heute ist es ein Kreisteilungsring, im Uhrzeigersinn eingeteilt in 360 Grad, 400 Neugrad oder 6400 Strich (Artilleriepromille). Bei der Gradeinteilung sind je 5° durch einen Strich markiert, bei den Artilleriepromillen gibt es 64 Teilungen von je 100 Strichen = 5° 37'.

Werte der Himmelsrichtungen

		Nord	Ost	Süd	West
360°	Grad	0	90	180	270
400 g	Neugrad	0	100	200	300
6400 A‰	Artilleriepromille	0	1600	3200	4800
6400'	Strich	0	1600	3200	4800

Diese abweichenden Einteilungen sind aber nicht störend, da ja immer Winkel gemessen werden. Welches Winkelmaß nun verwendet wird, ist für den einzelnen praktisch belanglos. Bei Gemeinschaftsübungen wie Orientierungsläufen usw. sollten aber alle Beteiligten die gleiche Einteilung benützen. Mit einem einfachen Kompaß kann man jederzeit die Himmelsrichtungen bestimmen oder die Landkarte in Übereinstimmung mit dem Gelände bringen. Will man aber einen Punkt im Gelände anvisieren oder Winkelmessungen vornehmen, braucht man einen Kompaß mit zusätzlichen Einrichtungen, den Marschkompaß.

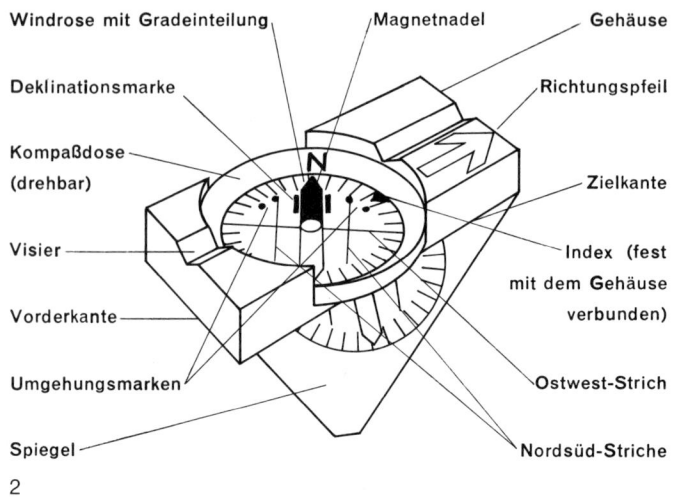

Windrose mit Gradeinteilung · Magnetnadel · Gehäuse · Deklinationsmarke · Richtungspfeil · Kompaßdose (drehbar) · Zielkante · Visier · Index (fest mit dem Gehäuse verbunden) · Vorderkante · Umgehungsmarken · Ostwest-Strich · Spiegel · Nordsüd-Striche

N

2

Der Marschkompaß

Es gibt verschiedene Marschkompasse. Ihr Aufbau ist aber im Prinzip derselbe. Alle weisen die folgenden Einrichtungen auf:

eine Zielvorrichtung zum Anvisieren von Punkten = Visier;

eine im Gehäuse drehbare Magnetnadeldose = Kompaßdose mit Einteilung;

einen am Gehäuse befestigten Zeiger zum Ablesen des Richtungswinkels (Azimut) = Index;

eine mit dem Visier parallel laufende Anlegekante = Zielkante;

einen Spiegel, der erlaubt, das Einspielen der Magnetnadel zu beobachten und gleichzeitig über das Visier zu blicken. Er kann auf- und zugeklappt oder versenkt und ausgerückt werden.

3

Der in Abb. 2 schematisch dargestellte Marschkompaß ist mit den Begriffen bezeichnet, die im folgenden verwendet werden. Dieses Modell besitzt eine durchsichtige Kompaßdose, und der Spiegel ist unten angebracht, so daß die Zahlen im Spiegelbild seitenrichtig erscheinen.

Es gibt auch Kompasse für den Gebrauch bei Nacht. Bei diesen sind Visier, Nordspitze der Nadel, Umgehungsmarken und Deklinationsmarke mit Leuchtstoff versehen.

Einige Instrumente sind sogar mit Vertikalwinkelmesser und Libelle ausgerüstet. Gute Dienste leistet eine an der Vorderkante angebrachte Schnur, die als Verlängerung der Zielkante oder als Lot verwendet werden kann.

Abb. 3 zeigt vier verschiedene Marschkompasse. Von links nach rechts: Recta-, Silva-, Bézard- und Büchi-Kompaß. Das Silva-Modell eignet sich dank seiner Handlichkeit am besten für das Orientierungslaufen. Die drei andern Bussolen besitzen Visiervorrichtungen und Spiegel. Beim Modell Büchi ist der Einstellring der Kompaßdose mit einer Schreibfläche versehen, auf welcher vorgesehene Richtungen markiert werden.

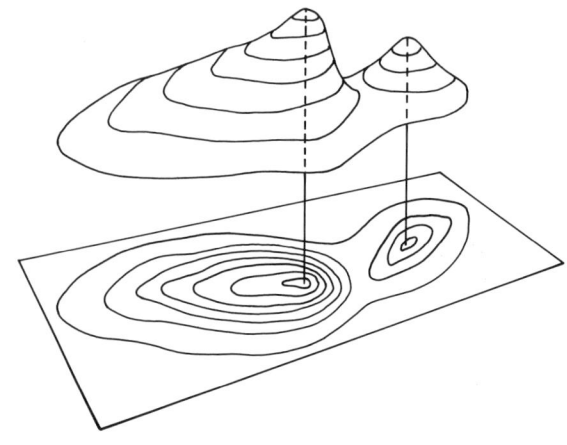

4

Man vergesse nie, daß eiserne Gegenstände in der Nähe des Kompasses die Nadel ablenken, was unweigerlich zu Fehlmessungen führt. Von größeren Eisenmassen wie Geländer, Gittermasten usw. ist ein Abstand von etwa 5 m zu empfehlen. Damit die Nadel spielen kann, muß der Kompaß bei Gebrauch stets waagrecht gehalten werden.

Die Karte

Die Karte ist ein getreuer Grundrißplan der Landschaft. Sie enthält alle für uns wichtigen Merkmale. Man kann sich nach der Karte auch im weglosen Gelände mit oder ohne Kompaß zurechtfinden.

Die Verkleinerung der Karte erfolgt nach einem bestimmten Maßstab, welcher am Rande jeder Karte in Form eines Lineals aufgedruckt ist. Hier kann man, ohne umzurechnen, Distanzen abtragen, die man mit einem Faden oder einem Papierstreifen auf dem Kartenbild abgemessen hat. Aber auch das Umrechnen einer Distanz ist nicht schwer, weil der Maßstab

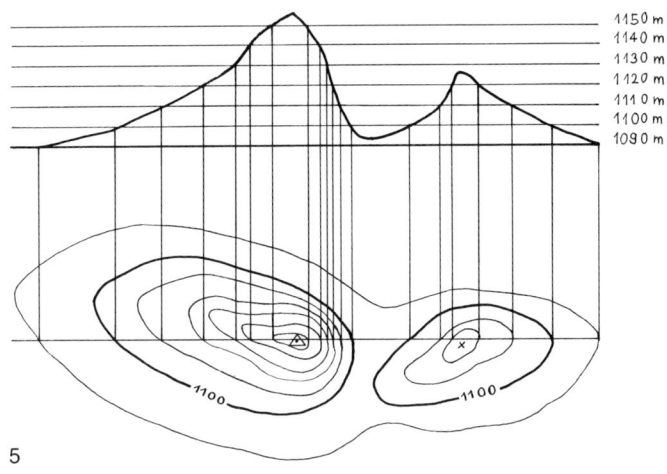

5

in einer Verhältniszahl angegeben ist. Die Strecke eines Zentimeters auf der Karte ist in der Landschaft sovielmal größer, als die Zahl des Maßstabes angibt. Zum Beispiel:

Kartenmaßstab	Kartendistanz	Distanz in der Landschaft
1 : 25 000	1 cm	25 000 cm = 250 m
1 : 50 000	1 cm	50 000 cm = 500 m
1 : 100 000	1 cm	100 000 cm = 1000 m

Aber nicht nur die waagrecht verlaufenden Distanzen sind für uns von Interesse, sondern auch die Bodenformen, die Hügel, Berge und Täler. Die verschiedenen Neigungen der Erdoberfläche werden im Kartenbild durch eine Relieftönung, oft in verschiedenen Farben, hervorgehoben. Man denkt sich dabei die Landschaft von einer bestimmten Seite her beleuchtet – meist von Nordwesten –, wodurch ein plastisches Bild des dargestellten Gebietes entsteht.

Zudem werden die Neigungen mittels Höhenkurven dargestellt. In den Abb. 4 und 5 erkennt man, daß diese Höhenkur-

11

ven Linien sind, welche alle Geländepunkte der gleichen Höhenlage miteinander verbinden. Denkt man sich einen Hügel durch waagrechte Schnitte in gleichmäßig dicke Scheiben zerlegt, so bilden die Schnittlinien dieser Scheiben von oben gesehen die Kurven, welche den Geländeformen folgen und in der Karte die Höhenlage angeben. Da die Scheiben alle gleich dick sind, ist die Höhendifferenz zwischen zwei Kurven immer gleich groß. Sie heißt Äquidistanz und ist ebenfalls auf der Karte angegeben. Damit man die Höhe eines Punktes anhand der Kurven leicht abzählen kann, ist jede zehnte stärker ausgezogen und als Zählkurve mit einer Höhenzahl versehen. Es ist leicht, aus dem Kurvenbild die Neigungsverhältnisse herauszulesen und die typischen Geländeformen, wie Bergrücken, Kämme, Mulden und Tobel, zu erkennen. Je enger die Kurven liegen, desto steiler ist der Hang. Nach einiger Erfahrung im Umgang mit der Karte bekommt man ein sicheres Gefühl für den Vergleich des Kurvenbildes mit der Landschaft. Will man die Neigung genauer ausdrücken oder gar zeichnerisch darstellen, benützt man einen Neigungsmaßstab, der anhand der Höhenkurven die Steilheit in Grad oder Prozent angibt.

Rechnerisch erhält man den Prozentwert einer Steigung, indem man den Abstand zweier Höhenkurven mißt und diesen mit der Maßstabzahl multipliziert. So erhalten wir die waagrechte Distanz (Basis). Diese Distanz ist nun mit der Höhendifferenz der beiden Kurven – der Äquidistanz – zu vergleichen, worauf man die Neigung in Prozenten ausrechnen kann. Ein Beispiel: Wir benützen eine Karte im Maßstab 1:25 000 mit einer Äquidistanz von 10 m. Zwischen den zwei Kurven messen wir 2 mm. Dies entspricht in der Landschaft einer Distanz von 2 mm·25 000 = 50 000 mm = 50 m. Da die Äquidistanz 10 m beträgt, ist die Neigung

$$\frac{10 \cdot 100}{50} = 20\,\%$$

Der Bewuchs des Bodens, Gewässer, Siedlungen, Verkehrslinien usw. werden mit leicht verständlichen Kartenzeichen oder Signaturen markiert. Grüne Ringlein z.B. bezeichnen

Bäume, mit Linien umrahmt ist es geschlossener Wald, Gewässer sind blau dargestellt, während Felsen schwarz gezeichnet sind. Straßen und Wege sind je nach Breite und Ausbau von der mehrspurigen Autobahn mit drei Linien bis zum gestrichelten Fußweg eingezeichnet. Auch der Verlauf von Eisenbahnlinien mit Stationen und Unterführungen ist klar erkennbar. Häuser sind als schwarze Grundrisse markiert, wobei in Ortschaften enger stehende Gebäude zu Gruppen zusammengefaßt werden. Die Größe der Ortschaften (Einwohnerzahl) ist an dem Schriftgrad zu erkennen. Weitere Signaturen gibt es für Gasthof, Kirche, Kapelle, Schloß, Ruine, Aussichtsturm, Höhle usw. Nicht verwechseln darf man die Gemeinde- und Bezirksgrenzen mit Fußwegen. Ein kurzer Pfeil in der Farbe der Höhenkurven zeigt eine Mulde an. Wichtig sind für uns noch die Höhenpunkte, welche die Höhe über Meer angeben. Oft bezeichnet man solche Punkte nach ihrer Höhenzahl. Wir unterscheiden Vermessungspunkte (Triangulationspunkte), die zur Landesvermessung und zur Herstellung der Karten dienen und mit einem Dreieck mit eingeschlossenem Punkt angegeben sind. Diese Fixpunkte sind in der Landschaft oft als eingemauerte Meßmarken in Steinquadern zu finden. Bei ganz wichtigen ist sogar ein Signal darüber aufgerichtet. Daneben gibt es die gewöhnlichen Höhenpunkte, die nur als Punkt in der Karte bezeichnet sind.

Es ist zu beachten, daß die Signaturen von einem Kartenwerk zum andern, oft auch schon bei verschiedenen Maßstäben, leicht variieren. Dies fällt aber nicht wesentlich ins Gewicht, da ja die Signaturen immer so gezeichnet werden, daß sie für sich selbst sprechen und keiner weiteren Erklärung bedürfen.

Damit bestimmte Punkte auf der Karte genauer bezeichnet und leichter aufgefunden werden können, ist ein regelmäßiges Netz von waagrechten und senkrechten Linien über das Blatt gezogen, das sogenannte Koordinatennetz. Das moderne Kilometerkoordinatensystem auf schweizerischen Karten richtet sich nicht nach dem Gradnetz der Erde, sondern nach einem Punkt in Bern. Damit die Kilometerzahlen der West-Ost-Richtung nicht mit jenen der Süd-Nord-Richtung verwechselt werden können, hat man den westlichen Null-

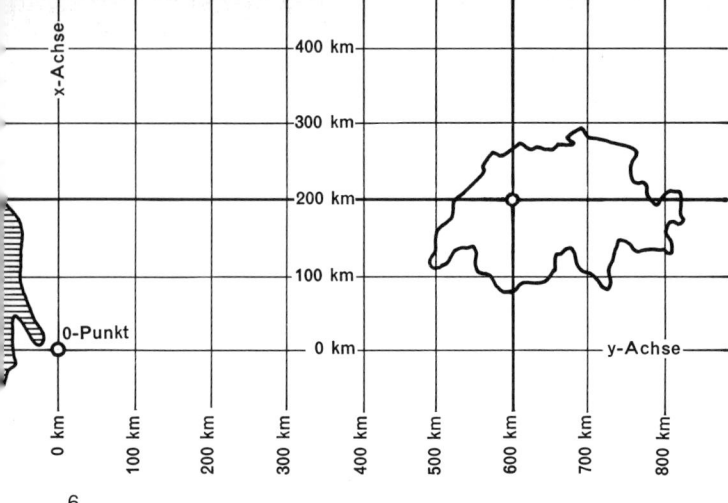

6

punkt so weit weg gelegt (bei Bordeaux F), daß sämtliche W-
O-Werte auf Schweizer Gebiet über 400 km liegen. Die Hoch-
werte der Süd-Nord-Richtung liegen aber immer unter
400 km. Durch dieses praktische System ist jeder Irrtum aus-
geschlossen (Abb. 6).
Jeder Punkt des Landes kann mit seinen Koordinatenwerten
eindeutig bezeichnet und dadurch von jedermann auf der
Karte gefunden werden. Bern (alte Sternwarte) liegt auf den
Koordinaten 600 km/200 km. Für genauere Angaben werden
Kommastellen verwendet, die mit dem Maßstab von der nächsten Koordinatenlinie an gemessen und umgerechnet werden.
Welcher Punkt liegt auf den Koordinaten 687,800/202,600 km?
Der Abstand der Linien ist je nach Kartenmaßstab verschieden: 1:25000 = 1 km, 1:50000 = 2 km und 1:100000 =
1 km.
Die Koordinatenlinien leisten auch ausgezeichnete Dienste
beim Richten der Kompaßwindrose nach der Kartennordrichtung, vor allem dann, wenn wir einen Kompaß mit durchsich-
tiger Dose verwenden.

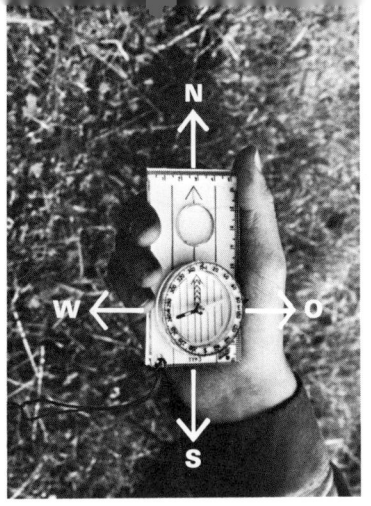

7   8

Orientieren mit dem Kompaß

Wir befinden uns im Gelände und möchten mit dem Kompaß
feststellen, wo die einzelnen Himmelsrichtungen liegen. Dabei
gehen wir so vor:

Wenn nötig drehen wir die Kompaßdose, bis der Index genau
auf die Nordmarke zeigt. Der Blick muß immer senkrecht von
oben auf den Kompaß gerichtet sein, damit die Einstellung
präzis wird.
Den so vorbereiteten Kompaß halten wir in der rechten Hand,
Vorderkante gegen uns, Richtungspfeil nach vorne (Abb. 7).
Wir halten den Kompaß in Brusthöhe so vor uns, daß wir das
Einspielen der Magnetnadel verfolgen und fast gleichzeitig –
ohne den Kopf bewegen zu müssen – durch Heben des Blicks
die Landschaft vor uns überschauen können (Abb. 8).
In dieser Haltung drehen wir uns nun langsam durch Umtre-
ten mit den Füßen auf der Stelle um die eigene Achse. Dabei
beobachten wir die Magnetnadel, welche ihre Richtung beibe-

hält. Wir drehen uns so lange, bis die Nordspitze der Magnetnadel auf die Deklinationsmarke gerichtet bleibt.

Ist die Nadel zur Ruhe gekommen, können wir durch Heben des Blicks die Nordrichtung in der Landschaft feststellen.

In gleicher Weise werden die anderen Himmelsrichtungen ermittelt, nur wird die Dose vorher so gedreht, daß die gewünschte Richtung zum Index zeigt.

Wollen wir die genaue Lage des Nordpunktes am Horizont feststellen, gehen wir so vor:

Ohne die eben beschriebene Stellung zu verändern, rücken wir den Kompaßspiegel aus und halten das Instrument etwa 25 cm vor unser rechtes Auge. Bei richtiger Neigung des Spiegels sind jetzt Windrose und Magnetnadel im Spiegel so zu sehen, als wenn man senkrecht daraufblicken würde. Eventuell muß die Distanz Spiegel–Auge etwas korrigiert werden.

Nun prüfen wir, ob die Nordspitze der Nadel noch immer zur Deklinationsmarke zeigt. Wenn nötig korrigieren wir durch Drehen des Körpers. Jetzt blicken wir über das Visier und finden so den gesuchten Nordpunkt durch Anvisieren (Abb. 9).

Mit einem Kontrollblick in den Spiegel überzeugen wir uns, daß die Nordspitze der Magnetnadel nicht von der Deklinationsmarke abgewichen ist. Dies kann durch eine unbeabsichtigte Bewegung leicht geschehen und muß gegebenenfalls korrigiert werden.

Wenn der Horizont zu hoch liegt, kann man den Nordpunkt unterhalb anvisieren und mit einem Lot (Kompaß an der Schnur) die Verlängerung zum Horizont herstellen.

Es ist immer darauf zu achten, daß der Kompaß waagrecht liegt, damit sich die Magnetnadel ungehindert drehen kann. Die jeweils beste Körperhaltung muß jedermann für sich herausfinden. Sie soll auf keinen Fall verkrampft, sondern locker und bequem, aber doch fest sein. Nur so kann man das Einspielen der Magnetnadel ruhig verfolgen und genaue Resultate erzielen.

Wenn es einmal darauf ankommt, so genau wie möglich zu

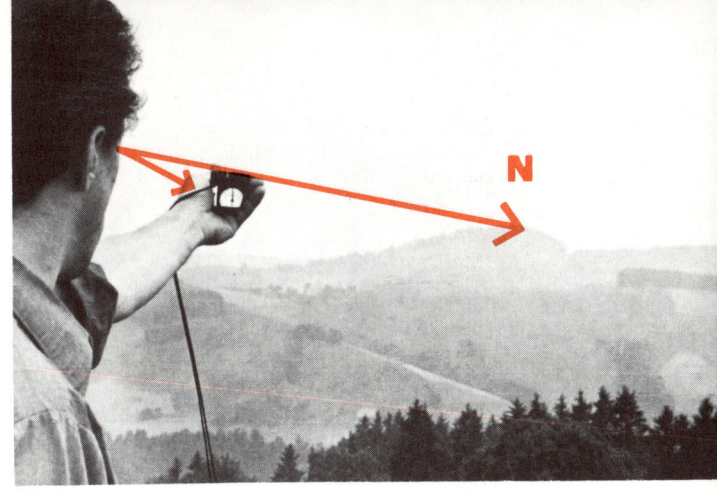

9

visieren, kann man die Hand mit dem Kompaß aufstützen. Am Hang auf dem Boden sitzend, stellt man die Ellbogen auf die Oberschenkel. Die Hand kann aber auch auf einen Fels oder an einen Baumstamm angelegt werden.

Orientieren der Karte

Bevor wir die Karte im Gelände gebrauchen können, müssen wir sie so orientieren, daß sie richtungsgleich mit der Landschaft liegt. Dies kann man auch ohne Kompaß, indem man das Kartenbild mit den Geländeformen vergleicht. Aber rascher und vor allem genauer geht es mit dem Kompaß. Vorgehen:

Am Kompaß bringen wir Nordmarke und Index zur Übereinstimmung. Dann legen wir das Instrument mit der Zielkante an eine senkrechte Koordinate der Karte an; Vorderkante unten, Richtungspfeil nach oben weisend (Abb. 10a).

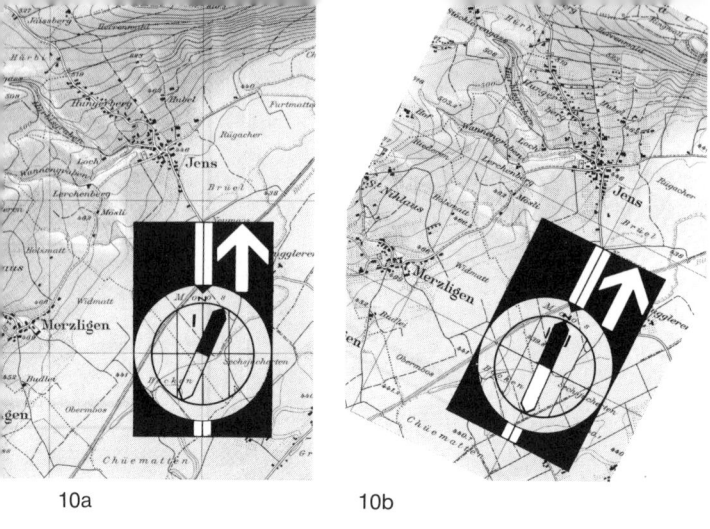

10a   10b

In dieser Lage stimmt die Nordrichtung des Kompasses mit jener der Karte überein, denn bei unseren Landkarten ist Norden in der Regel oben. Nun drehen wir die ganze Karte mit dem daraufliegenden Kompaß sorgfältig, damit dieser sich nicht verschiebt.

Die Magnetnadel macht diese Drehung aber nicht mit; sie behält ihre Nordrichtung bei. Sobald man diejenige Lage erreicht hat, bei welcher die Nordspitze der Nadel zur Deklinationsmarke zeigt, läßt man die Karte liegen (Abb. 10b).

Jetzt ist die Karte exakt nach dem Gelände orientiert. Die Himmelsrichtungen der Karte verlaufen wie jene der Landschaft. Unser Blick in das Gelände ist so gerichtet wie der auf den entsprechenden Kartenabschnitt.

Wir überprüfen, ob die Karte richtig liegt: Markante Geländepunkte, die von unserem Standort aus gut sichtbar sind, werden auf der Karte gesucht. Durch Verlängern der Blicklinie Standort–Geländepunkt finden wir die Punkte in der Landschaft und bekommen so die Bestätigung für die richtige Lage der Karte (Abb. 11).

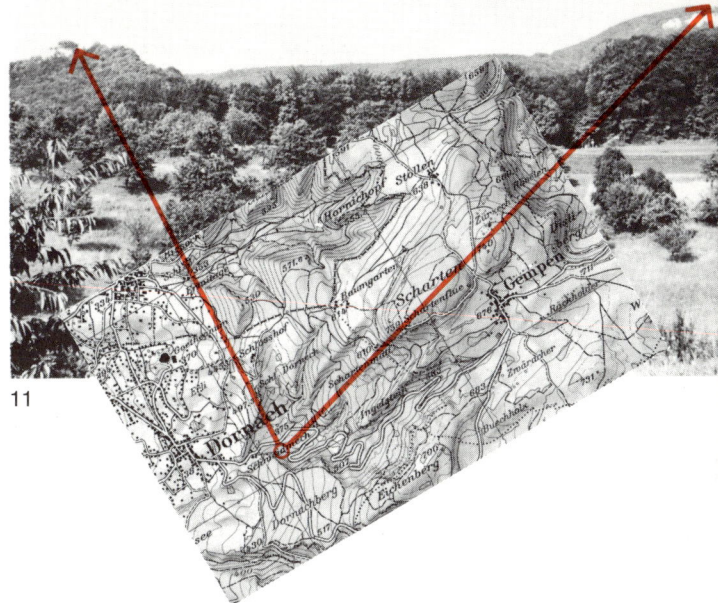

11

Wandern nach der Karte

Unter normalen Umständen und Sichtverhältnissen kann man auch gut ohne Kompaß, nur nach der Karte wandern. Je kleiner der Kartenmaßstab, desto einfacher und zuverlässiger ist die Orientierung. Karten im Maßstab 1:50000 sind sehr gebräuchlich, man kann aber auch mit Maßstab 1:100000 auskommen. Im Gebirge ist 1:25000 empfehlenswert.

Wir studieren die Marschroute zu Hause vor der Wanderung und zeichnen sie evtl. in die Karte ein. Dabei versuchen wir uns bereits ein Bild von der Landschaft und der Strecke zu machen. Dies soll nicht etwa ein Vorausnehmen der Naturbeobachtung sein, sondern im Gegenteil: wir brauchen uns dann auf der Wanderung nicht mehr allzuviel mit der Karte zu befassen und haben den Blick frei für die Natur. Wir merken uns dabei markante Punkte und einige Ortsnamen. Vielleicht sehen wir auch schon Rastplätze vor, die sonnig liegen und einen freien Ausblick bieten. Auf der Wanderung vergleichen wir das Bild, das wir uns anhand der Karte gemacht haben, mit der Landschaft. Dadurch lernen wir fortwährend, das Grundrißbild der Karte in das perspektivische Bild der Landschaft umzusetzen und umgekehrt. Da ist ja zunächst überraschend, wie sich unser Gesichtskreis je nach unserem Standort verändert. Je höher wir steigen, desto größer wird in der Regel der Gesichtskreis.

Während der Wanderung sollten wir den Weg auf der Karte so verfolgen, daß unser jeweiliger Kartenstandort immer bekannt ist.

Wir sollten auch immer auf der Karte ein Stück weiter sein als im Gelände. Dann wissen wir im voraus, wann eine Wegkreuzung, ein Wald oder eine Ortschaft auftaucht, und die Karte dient dann mehr zur Kontrolle, ob wir auf dem richtigen Weg sind.

Im dichten Wald oder in Siedlungen, wo der freie Blick behindert ist, sollte man zur Orientierung immer auch auf den Sonnenstand achten. Wegbiegungen oder -abzweigungen müssen wir uns dann gut einprägen, damit wir sie nicht verpassen.

Beim Vergleichen des Kartenbildes mit der Landschaft sollten wir uns angewöhnen, weniger die Details der Landschaft als vielmehr die Geländeformen ins Auge zu fassen. Bepflanzungen, Gebäude, Verkehrslinien verändern sich oft sehr schnell. Solche Änderungen sind vielleicht auf der Karte nicht nachgeführt. Manches ist auch vereinfacht dargestellt oder weggelassen, vor allem bei größeren Maßstäben, wogegen die Geländeformen doch immer sichere Anhaltspunkte geben, obschon auch sie oft etwas vereinfacht gezeichnet sind.

Das «Lesen» der Höhenkurven aber erfordert viel Übung. Durch Aufmerksamkeit und bewußtes Vergleichen von Karte und Gelände gewinnen wir die nötige Erfahrung.

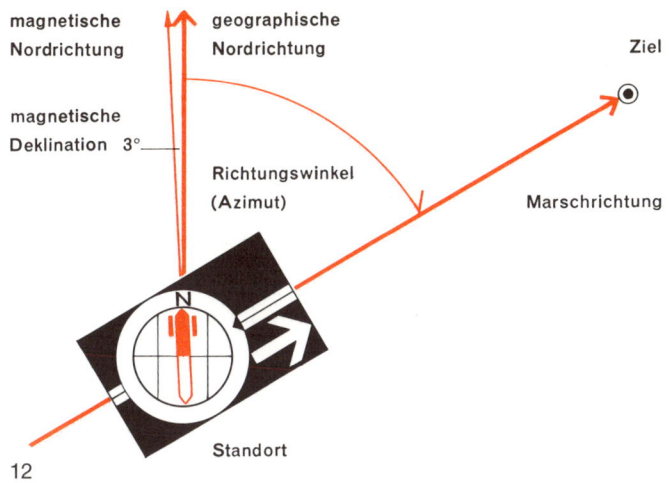

magnetische Nordrichtung

geographische Nordrichtung

Ziel

magnetische Deklination 3°

Richtungswinkel (Azimut)

Marschrichtung

N

Standort

12

Messen mit dem Kompaß

Bei Nebel, Dunkelheit oder mangelnder Geländeübersicht genügt die Karte allein nicht mehr. Wir nehmen den Kompaß zu Hilfe. Voraussetzung ist, daß wir unseren Standort kennen. Ist dies nicht der Fall, so können wir ihn mit Karte und Kompaß feststellen. Fast bei allen Anwendungen hat der Kompaß die gleiche Funktion: Wir messen mit ihm einen Winkel, der von zwei Richtungslinien eingeschlossen wird.

Die erste Richtung ist immer die Nordrichtung, welche durch die Stellung der Magnetnadel bestimmt wird. Die Nordmarke der Windrose weist nach Norden, wenn die Nordspitze der Magnetnadel auf die Deklinationsmarke gerichtet ist.

Die andere Richtung weist zum Ziel und ist die Marschrichtung oder Ziellinie. Sie ist ablesbar am Visier, am Richtungspfeil und an der Zielkante des Kompasses.

Der Ort, an dem wir uns beim Messen befinden, heißt Standort. Er ist im Schnittpunkt der beiden Linien, der Nord- und der Ziellinie.

Zwischen diesen Linien liegt der zu messende Winkel. Er heißt Richtungswinkel oder Azimut. Sein Wert wird am Index abgelesen (Abb. 12).

Vier Griffe

Obwohl mit dem Kompaß viele verschiedene Aufgaben gelöst werden können, lassen sich doch alle Manipulationen auf vier immer wiederkehrende Griffe zurückführen. Zwei dieser Griffe gehören stets zusammen: Messen des Winkels zwischen zwei Richtungen und Übertragen dieses Winkels von der Karte auf die Landschaft oder umgekehrt. Hat man diese vier Griffe verstanden und anhand der folgenden Beschreibungen und Beispiele geübt, so wird man sich ihrer wie selbstverständlich bedienen, auch dann, wenn die Umstände aus Gründen des Wetters u.a. ungünstig sind und eine zuverlässige Orientierung notwendig ist.

Diese Griffe sind hier kurz aufgeführt und numeriert. Wie und wo sie zu gebrauchen sind, geht aus den folgenden Aufgabenstellungen hervor. Bei der Anleitung wird stets auf die Nummer des betreffenden Griffes hingewiesen.

Griff 1: Messen eines Azimuts (Richtungswinkel) auf der Karte.
Man bestimmt auf der Karte mit dem Kompaß oder einem Transporteur (Winkelmesser) den Winkel zwischen der Nordrichtung der Karte und der Richtung vom Standort zum Ziel, der Ziellinie.

Griff 2: Übertragen dieses Winkels in die Landschaft.
Der durch Griff 1 auf der Karte gemessene Richtungswinkel wird mit dem Kompaß in die Landschaft übertragen.

Griff 3: Messen eines Richtungswinkels in der Landschaft.
Man mißt mit dem Kompaß den Winkel zwischen der Nordrichtung der Landschaft und der Richtung zum sichtbaren Ziel in der Landschaft.

Griff 4: Übertragen dieses Winkels auf die Karte.
Den durch Griff 3 im Gelände gemessenen Winkel überträgt man auf die Karte, wozu die Windrose des Kompasses (Magnetnadel nicht beachten) oder ein Transporteur dient.

Die beiden Grundanwendungen

Ein Punkt auf der Karte wird in der Landschaft gesucht

Wir wollen zu einem auf der Karte eingezeichneten Punkt gelangen, den wir im Gelände eventuell nicht sehen können. Welche Richtung müssen wir einschlagen, um dorthin zu gelangen?

Zuerst wenden wir Griff 1 an (Messen des Azimuts auf der Karte): Auf der Karte ziehen wir eine dünne Bleistiftlinie, die unseren gegenwärtigen Standort mit dem Zielpunkt verbindet. Dies ist die Ziellinie.

Nun ziehen wir eine zweite Linie in der Nord-Süd-Richtung durch den Standort, parallel zu den senkrechten Koordinaten. Wir legen den Kompaß mit seiner Zielkante an die Ziellinie an, die Vorderkante dem Standort zugekehrt, der Richtungspfeil nach dem Ziel weisend.

Mit der linken Hand halten wir den Kompaß in seiner Lage auf der Karte fest.

Mit der rechten Hand drehen wir die Kompaßdose, bis die Nordrichtungen von Windrose und Karte übereinstimmen (Abb. 13).

Nun kann das Azimut (Richtungswinkel zwischen den beiden Bleistiftstrichen) am Index auf der Kompaßwindrose abgelesen werden.

Bei Griff 1 wird der Kompaß nur als Winkelmesser benutzt; die Stellung der Magnetnadel spielt also keine Rolle.

Man kann deshalb für den Griff 1 auch einen Transporteur verwenden, vor allem, wenn man eine genauere Winkelmessung wünscht. Es muß aber ein Vollkreistransporteur sein mit einer Einteilung im Uhrzeigersinn, die sich außerdem mit der-

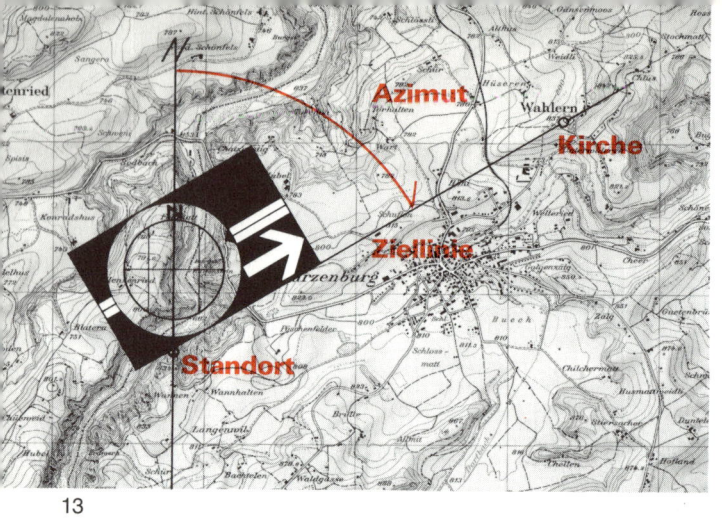

13

jenigen des verwendeten Kompasses decken sollte, da sonst
Umrechnungen nötig werden. Mit dem Transporteur verfährt
man so, wie oben beschrieben. Der Mittelpunkt liegt auf dem
Standort und die Null-Marke auf der Nordlinie. Auf der Skala
kann bei der Ziellinie das Azimut abgelesen werden (Abb. 14).
Nun wird der Winkel auf den Kompaß übertragen, indem man
die Kompaßdose dreht, bis der Index auf die gemessene
Gradzahl zeigt.

Richtwerte für die Umrechnung von Strich-, Grad- und Neu-
gradwerten:

90 °	=	100 g	=	1600 A‰	=	1600'	
10 °	≃	11 g	≃	180 A‰	≃	180'	(178)
1 °	≃	1 g	≃	18 A‰	≃	18'	
10 g	=	9 °	=	160 A‰	=	160'	
100 A‰	≃	5½ °	≃	6 g	=	100'	

° = Grad (360 °), g = Neugrad (400 g), A‰ = Artilleriepromille
(6400 A‰), ' = Strich (6400')

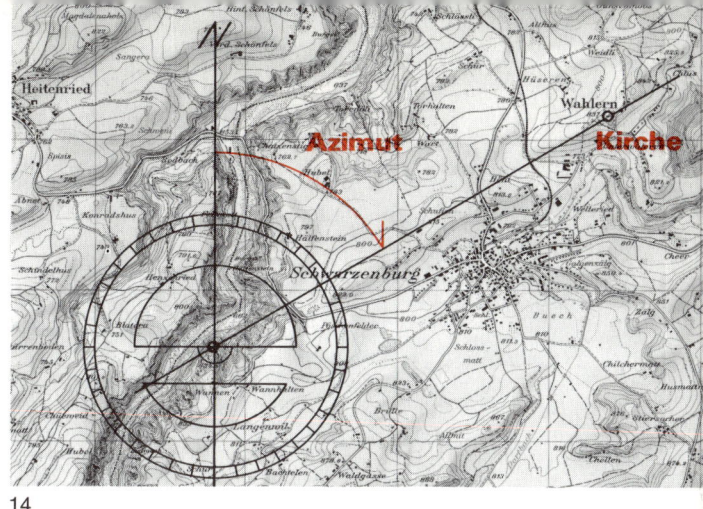

14

Wer in diesem Griff schon etwas geübt ist, kann auf die Bleistiftstriche verzichten. Entweder nimmt man als Ziellinie ein Lineal, wozu auch ein etwas stärkerer Papierstreifen dienen kann, oder, was noch einfacher ist, die Kompaßschnur, sofern eine solche am verwendeten Modell angebracht ist. Andernfalls können wir auch eine gewöhnliche Schnur verwenden, wofür etwas mehr Geschicklichkeit erforderlich ist.

Vorgehen: Wir legen den Kompaß so auf die Karte, daß seine Ecke Vorderkante–Zielkante auf den Standort zu liegen kommt. Um diese Ecke legen wir die Schnur und halten den Kompaß in der ungefähren Richtung mit der linken Hand fest. Das andere Ende nehmen wir in die rechte Hand und spannen die Schnur über den Zielpunkt. Nun müssen wir darauf achten, daß die Zielkante des Kompasses genau an der gespannten Schnur anliegt (Abb. 15).
Nachdem der Kompaß auf diese Weise in die genaue Richtung gebracht worden ist, lassen wir die Schnur los und drehen die Kompaßdose so lange, bis die Windrose mit dem

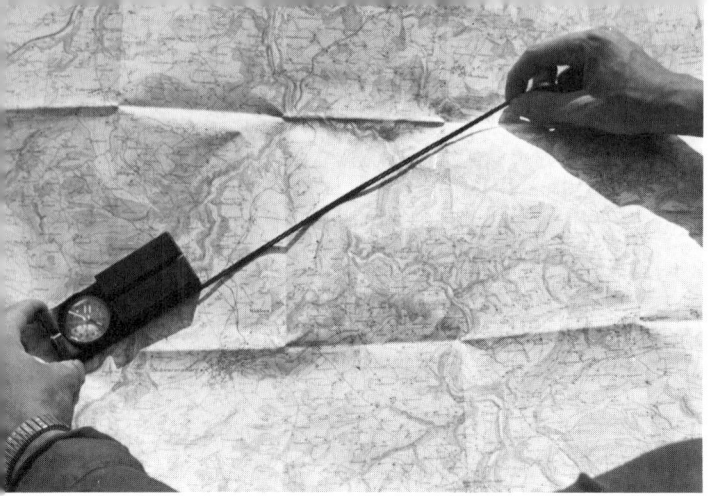

15

Koordinatennetz übereinstimmt. Dabei halten wir natürlich mit der linken Hand den Kompaß auf der Karte fest.

Am Anfang ist es gut, wenn man diese Methode erst noch mit den Bleistiftstrichen übt, bis man sicherer geworden ist.

Nun folgt Griff 2.

Wir übertragen den auf der Karte gemessenen Richtungswinkel mit dem Kompaß in die Landschaft.

Vorgehen: Der Index zeigt auf den gemessenen Winkel. Wir halten den Kompaß in Brusthöhe vor uns (Abb. 7 und 8) und drehen uns mit dem ganzen Körper langsam um die eigene Achse, bis die Nordspitze zur Deklinationsmarke zeigt.

Nun rücken wir den Spiegel aus und halten den Kompaß in Augenhöhe (Abb. 9).

Nachdem wir im Spiegelbild verfolgt haben, wie die Nadelspitze auf die Deklinationsmarke einspielt, blicken wir über das Visier und bekommen so die Richtung, in der das gesuchte Ziel liegt. Dabei soll nur das Auge, nicht aber der Kopf bewegt werden, damit man nicht aus der Richtung kommt (Abb. 16).

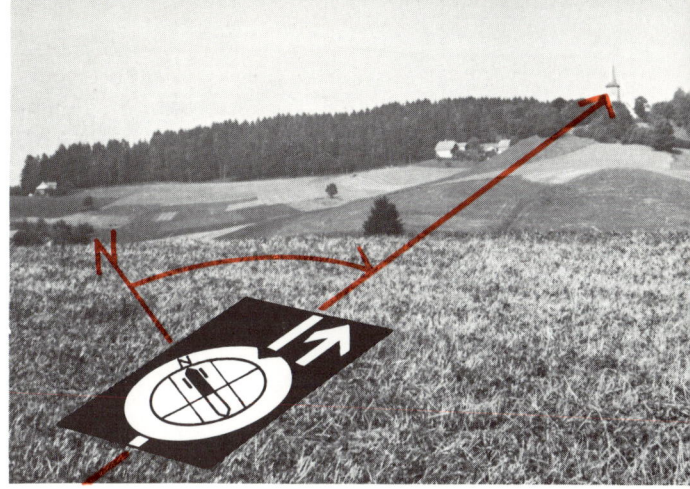

16

Da das Ziel ja nur auf der Karte, nicht aber in der Landschaft sichtbar ist, haben wir nun die Marschrichtung, in welcher wir zum Ziel gelangen. (Über den Kompaßmarsch siehe nächstes Kapitel.)

Ein Punkt in der Landschaft soll auf der Karte festgelegt werden

Wir sehen einen unbekannten Berggipfel mit einem Turm und möchten ihn nach der Karte bestimmen.
Vorgehen: Hier kommt Griff 3 zur Anwendung.
Mit dem Kompaß (zunächst ohne Spiegel) in der rechten Hand auf Brusthöhe stellt man sich Richtung Berg auf.
Mit linker Hand Kompaßdose drehen, bis die Nordspitze der Nadel auf die Deklinationsmarke zeigt.
Nach dieser Grobeinstellung Spiegel ausrücken und Kompaß auf Augenhöhe heben.

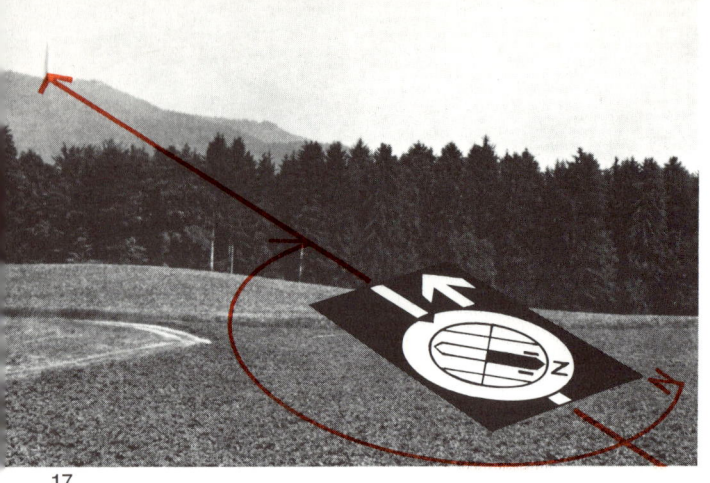

17

Nun wird das Ziel anvisiert. Mit der linken Hand die Kompaßdose drehen, bis die Nadelnordspitze auf die Deklinationsmarke zeigt.

Das Einspielen der Nadel wird im Spiegel verfolgt. Zwischendurch muß man zur Kontrolle über das Visier blicken, ob der
Kompaß immer noch genau aufs Ziel gerichtet ist.

Nun haben wir das Azimut gemessen, den Richtungswinkel,
der sich aus der Nordrichtung und der Zielrichtung ergibt
(Abb. 17).

Die Gradzahl zeigt der Index auf der Skala. Sie ist aber nicht
von Bedeutung, weil wir mit dem so eingestellten Kompaß
gleich Griff 4 ausführen. Mit Griff 4 wird das gemessene Azimut auf die Karte übertragen, um die Richtung zum anvisierten Berg festzustellen. Voraussetzung ist die Kenntnis unseres Standortes.

Den mit Griff 3 eingestellten Kompaß legen wir so auf die
Karte, daß die Nordrichtung der Windrose mit jener der Karte
übereinstimmt. Am besten richten wir uns nach den senkrechten Koordinaten der Karte. Die Zielkante des Kompasses

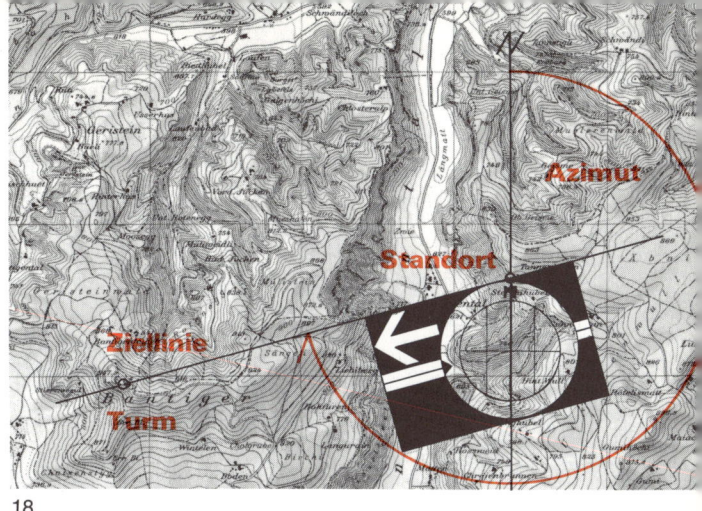

18

muß am Standort, wo wir die Messung vorgenommen haben, anliegen (Abb. 18).

In der Richtung der Zielkante und ihrer Verlängerung können wir den Berggipfel finden. Mit der Kompaßschnur oder einem Lineal läßt sich die Zielkante verlängern.

Wir können den Geländepunkt aber auch erst später zu Hause bestimmen, wenn wir das Azimut und den Standort bei der Messung notieren. Mit diesen Angaben kann man bei Gelegenheit auf einer Tischunterlage und eventuell mit dem Transporteur die Lage des ausgemessenen Geländepunktes bestimmen.

Der Kompaßmarsch

Als Ziel einer Querfeldeinwanderung möchten wir eine Anhöhe erreichen, deren Lage auf der Karte aber bekannt ist. Das Gelände ist waldig und stark kupiert, so daß man weder vom Standpunkt aus noch während des Marsches das Ziel

19

sehen kann. Der Kompaß soll uns mit dem eingestellten Azimut den Weg weisen.

Vorgehen: Mit Hilfe von Griff 1 messen wir das Azimut auf der Karte. Mit Bleistiftlinie oder Kompaßschnur verbinden wir Standort und Ziel. Wir legen den Kompaß mit der Zielkante an Standort und Ziellinie an. Nun drehen wir die Kompaßdose, um die Windrose mit der Kartennordrichtung zur Deckung zu bringen. Dabei können wir die Magnetnadel völlig außer acht lassen (Abb. 19).

Mit Griff 2 übertragen wir das gemessene Azimut auf die Landschaft. Zuerst drehen wir uns – Kompaß in Brusthöhe – um die eigene Achse, um die Richtung grob einzustellen.

Dann rücken wir den Spiegel aus und lassen die Nadelspitze auf die Deklinationsmarke einspielen. Dabei visieren wir einen möglichst weit entfernten Geländepunkt an, den wir uns gut einprägen können. Das kann ein freistehender Baum, eine Hügelkuppe, ein Gebäude oder sonst ein charakteristisches, gut erkennbares Merkmal sein, das sich nicht so leicht verwechseln läßt.

20

Diesen Punkt sucht man nun in einer ersten Etappe auf dem bequemsten Wege zu erreichen.

Dort angekommen, visiert man mit dem Kompaß, der immer das gleiche Azimut zeigt, einen Geländepunkt in der Zielrichtung an.

So marschiert man von Punkt zu Punkt, bis das Ziel erreicht ist (Abb. 20).

Im Walde, wo die freie Sicht fehlt, lassen sich keine weit voneinander entfernten Etappenziele festlegen. Auch bei Dunkelheit oder Nebel ist diese Methode nicht anwendbar. In diesem Falle bleibt nichts anderes übrig, als während des Gehens die Marschrichtung durch den in der Hand gehaltenen Kompaß dauernd zu kontrollieren. Spielt sich dabei die Nadel auf die Deklinationsmarke ein, so weisen Zielkante und Visier die Marschrichtung. Das Einspielenlassen der Nadel ist aber nicht leicht, weil diese beim Gehen unruhig hin- und herschwingt. So sind wir natürlich sehr unsicher, ob wir die Zielrichtung beibehalten. Am besten halten wir deshalb beim Gehen einen Stock in Zielrichtung vor uns und fassen mit der gleichen Hand den Kompaß so an, daß seine Zielkante mit dem Stock gleichgerichtet ist. Der Stock weist nun in der Marschrichtung, welche auf diese Weise besser eingehalten werden kann (Abb. 21).

Wie man bei Nacht nach dem Azimut marschiert, wird später dargestellt. Zweckmäßig ist es, außer der Richtung auch noch die Weglänge zu bestimmen. Man überträgt die Länge des Bleistiftstriches oder der Schnur zwischen dem Standort und dem Ziel auf einen Papierstreifen und vergleicht sie mit dem Maßstab am unteren Kartenrand. So erhält man die Länge der Luftlinie in Metern oder Kilometern.

Um die Marschzeit zu errechnen, müssen wir aber auch die Beschaffenheit des Geländes berücksichtigen. Die Steigungen sind ja aus den Höhenkurven der Karte ersichtlich. Eine annähernd richtige mittlere Marschzeit erhält man, wenn man für je 1000 m Kartendistanz auf ebener Strecke 15 Minuten rechnet. Für den Aufstieg zählen wir pro 100 m Höhendifferenz 15 Minuten dazu. Für den Abstieg sind pro 100 m Höhendifferenz 10 Minuten dazuzuzählen.

Ist man in der Nähe des Ziels angelangt, kann dieses aber nicht aus größerer Entfernung sehen, weil es im Walde oder in einer Mulde liegt, so läuft man Gefahr, daran vorbeizugehen. Es kann auch sein, daß Nebel und Dunkelheit die Sicht beeinträchtigen. In allen solchen Fällen ist es ratsam, von einem Standort aus, den man auf der Karte noch sicher bestimmen kann, die Weglänge zum Ziel mit dem Kartenmaßstab zu messen und dann die Schritte in der Zielrichtung zu zählen.

Die durchschnittliche Schrittlänge eines Erwachsenen beträgt 75 cm. Bevor wir aber mit diesem Maß rechnen, müssen wir unsere Schrittlänge «eichen», indem wir eine Strecke von 300 m mehrmals abschreiten. Brauchen wir dazu jedesmal rund 400 Schritte, so können wir mit diesem Maß rechnen. Der Orientierungsläufer kennt seine Schrittlänge in jeder Gangart.

Einfacher ist es, wenn wir nur jeden zweiten Schritt zählen, also Doppelschritte von 1,5 m. Dies ermöglicht neben einem langsameren und sichereren Zählen auch eine einfachere

21

Umrechnung. Zur Zahl der Doppeischritte ist einfach die Hälfte der Zahl hinzuzufügen, und man erhält die Anzahl Meter. 100 Doppelschritte = 150 m.

Oft sollte man aber die erforderlichen Schritte einer Distanz wissen, die in Metern bekannt ist. Diese Rechnung ist schwieriger: Für eine Strecke von 100 m ist die Zahl der Doppelschritte 100:1,5 = 66. Es ist deshalb einfacher, eine Methode anzuwenden, bei der man die Zahl der Meter bzw. der Schritte ohne Umrechnung erhalten kann. Dabei zählen wir die Einzelschritte, lassen aber nach drei Schritten den vierten beim Zählen aus. Um nicht ins Hasten zu kommen, zählt man: «. . . ein- / zwei- / dreiund / dreißig / vier- / fünf- / sechsund / dreißig / sieben- / acht- / neunund / dreißig / vierzig / ein- / zweiund / vierzig . . .», wobei jeder Schrägstrich einen Schritt bedeutet. Meist ist es aber möglich, Landschaflsmerkmale, wie Flußläufe, Wege, Waldränder, Dörfer, u.a., mit der Karto zu vergleichen und so den jeweiligen Standort zu bestimmen, so daß das Schrillzählon nur für kurze Distanzen nötig sein wird.

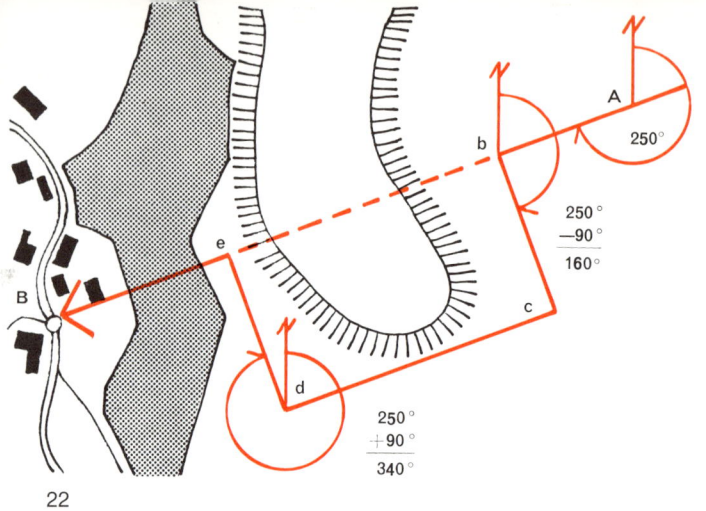

250°

250°
—90°
160°

250°
+90°
340°

22

Umgehen von Hindernissen

Bisher haben wir angenommen, daß wir auf unserem Marsch die Richtung nach dem Ziel dauernd beibehalten können. Oft stellen sich aber unvorhergesehene Hindernisse ein, wie Wald mit dichtem Unterholz, felsiges oder sumpfiges Gelände, Gruben usw. In solchen Fällen sind wir gezwungen, von der Hauptrichtung abzuweichen. Aber nach dem Umgehen des Hindernisses wollen wir die Richtung wieder erreichen und in dieser weiterschreiten. Die folgenden Beispiele zeigen, wie man Hindernisse auf verschiedene Arten umgehen kann.

Wir möchten vom Standort A aus nach B gelangen. Während des Querfeldeinmarsches zwingt uns eine große Grube zu einer Umgehung. B ist auf der ganzen Strecke nicht sichtbar.

Variante 1: Am Standort A haben wir Griff 1 angewendet, also auf der Karte A mit B durch einen Bleistiftstrich verbunden und das Azimut gemessen. Dieses beträgt 250°. Dann haben wir mit Griff 2 einen Geländepunkt anvisiert und sind abmarschiert. Bei b müssen wir abzweigen. Wir schwenken im rech-

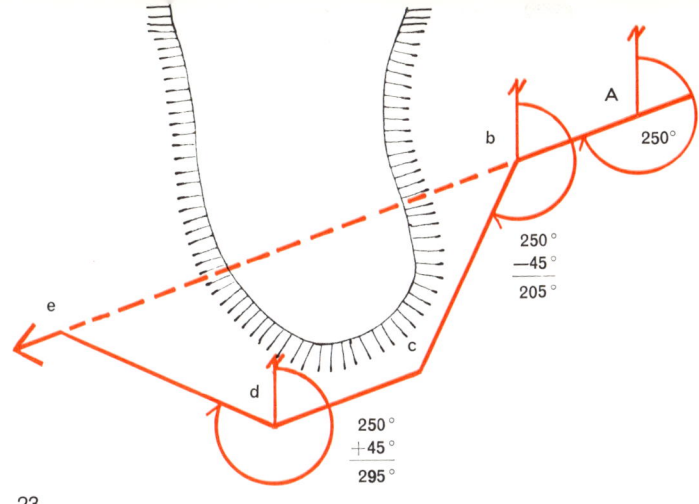

23

ten Winkel ab. Die Kompaßdose, die auf 250° eingestellt ist, drehen wir um 90° (rechter Winkel) zurück. Wir gehen mit der Einstellung 160° nach c und zählen auf dieser Strecke die Schritte. Bei c drehen wir wieder im rechten Winkel ab und gehen parallel zur Hauptrichtung weiter. Die Kompaßdose ist auf 250° eingestellt. Auf Punkt d erlaubt uns das Gelände, wieder zur Hauptrichtung zurückzukehren. Nun zählen wir 90° zum Azimut hinzu, marschieren also in Richtung 340° von d nach e. Punkt e ist erreicht, wenn wir die gleiche Anzahl Schritte zurückgelegt haben wie von b nach c (Abb. 22).

Variante 2 (Abb. 23): Statt im rechten Winkel abzuzweigen, kann man, um den Weg abzukürzen, auch in einem Winkel von 45° (Hälfte eines rechten Winkels) die Hauptrichtung verlassen. Bei b drehen wir die Kompaßdose um 45° nach rechts, bei d um 45° nach links. Die Hauptrichtung wird bei e wieder erreicht, wenn wir von d aus die gleiche Anzahl Schritte gegangen sind wie von b nach d.

Variante 3 (Abb. 24): Bei kleineren Hindernissen ist das Umgehen einfacher, wenn man bei b die Hauptrichtung um 60°

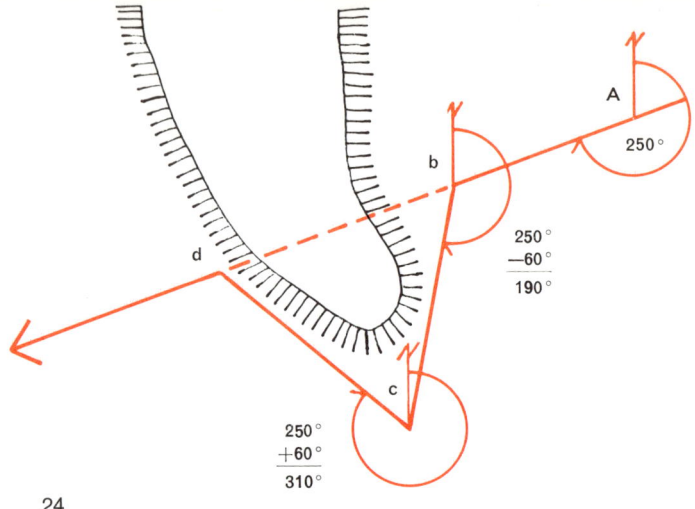

$$\begin{array}{r} 250° \\ -60° \\ \hline 190° \end{array}$$

$$\begin{array}{r} 250° \\ +60° \\ \hline 310° \end{array}$$

24

verläßt, die Kompaßdose also um 60° nach rechts dreht. Bis c
zählen wir die Schritte. Dort drehen wir die Dose nicht nur bis
zur Hauptrichtung, sondern gleich um weitere 60° nach links
und gehen in dieser Richtung ebenso viele Schritte nach d.
Dieser Punkt befindet sich wieder in der Hauptrichtung. Wir
haben das Hindernis in der Form eines gleichseitigen Drei-
ecks umgangen.
Bei fast allen Marschkompassen ist die Windrose mit Umgehungsmarken versehen (Abb. 2). Diese befinden sich rechts
und links der Deklinationsmarke im gleichen Winkelabstand.
Damit kann man von der Hauptrichtung abweichen, ohne daß
man die Kompaßdose umstellen muß. Natürlich kann man nur
um den Winkel abweichen, der zwischen Deklinations- und
Umgehungsmarke liegt. Bei den meisten Modellen liegen
diese Marken beidseitig um etwa 45° von der Deklinationsmarke. Die Richtung des einzuschlagenden Nebenweges ergibt sich dadurch, daß man die Nordspitze der Nadel statt auf
die Deklinationsmarke auf eine der Umgehungsmarken einspielen läßt und dann in der neuen Visierrichtung weiter-

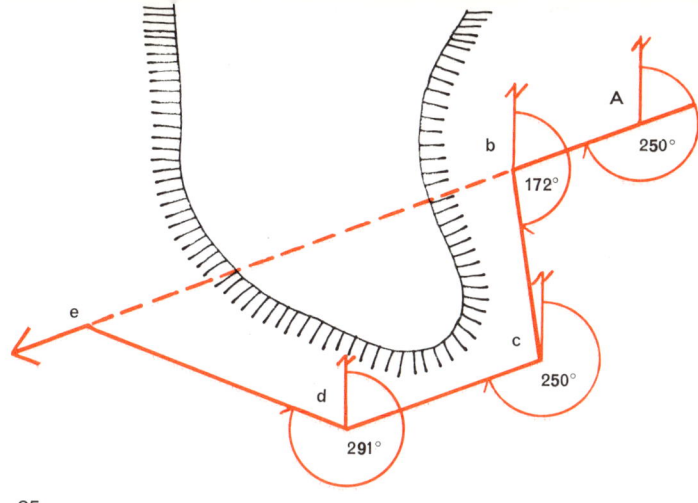

25

schreitet. Kehrt man zur Hauptrichtung zurück, so läßt man die Nadel auf die andere Umgehungsmarke einspielen, die sich auf der anderen Seite ebensoweit von der Deklinationsmarke befindet, und schreitet die gleiche Anzahl Schritte ab, die man während der ersten Kompaßstellung gegangen ist.

Variante 4 (Abb. 25): Größere Hindernisse möchte man gerne so umgehen, daß man die abweichenden Richtungen möglichst dem Hindernis anpaßt, um Weg zu sparen. In diesem Falle ist es vorteilhaft, schnell eine Wegskizze zu zeichnen (Abb. 26). Bei b messen wir das Azimut der neuen Richtung entsprechend Griff 3. Dieses beträgt 172°. Wir zeichnen die Hauptrichtung A–B in der gleichen Lage auf ein Papier, wie wir sie auf der Karte schon eingezeichnet haben. Die Richtungen der abzweigenden Wegstrecken übertragen wir mit dem Kompaß auf die Skizze und versehen die Striche mit Pfeilen.

Die Länge der neuen Wegstrecke b–c bestimmen wir durch Abzählen der Schritte. Die Schrittzahl vermerken wir auf der Skizze, indem wir für 100 Schritte stets einen Zentimeter abmessen. Bei c stellen wir den Kompaß wieder auf 250° und

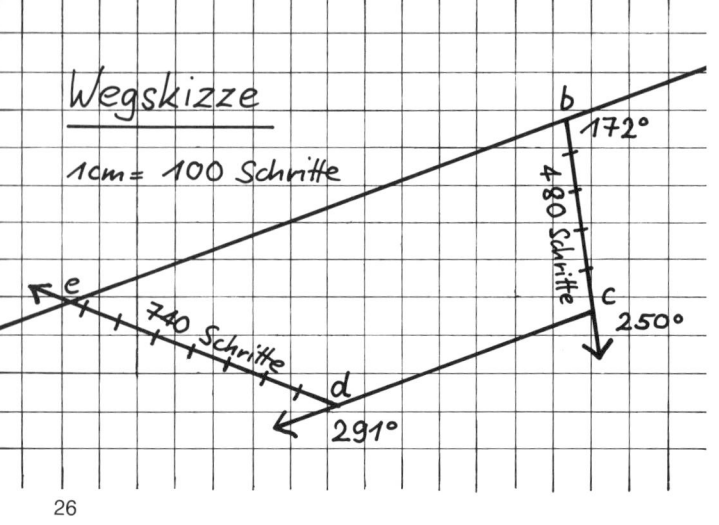

gehen parallel zur Hauptrichtung nach d, wo das Hindernis aufhört. Solange wir parallel zur Hauptachse gehen, brauchen wir die Schritte nicht zu zählen. Den Winkel der neuen Richtung d–e bestimmen wir wieder im Gelände mit dem Kompaß. Der Index zeigt hier auf 291°. Auch diese Richtung übertragen wir auf die Skizze entsprechend Griff 4. Wie weit wir nun in der Richtung d–e gehen müssen bzw. wie viele Schritte wir abzählen müssen, bis wir wieder auf der Hauptachse A–B sind, kann nun leicht auf der Skizze abgelesen werden.

Wir haben nämlich für den Weg b–c 480 Schritte gebraucht und dementsprechend die Strecke 4,8 cm lang in die Skizze eingetragen. Die Länge der Strecke c–d hat keinen Einfluß, weil sie parallel zur Hauptachse verläuft. Nachdem wir die Strecke d–e in die Skizze eingezeichnet haben, messen wir sie; ihre Länge beträgt 7,4 cm. Also haben wir 740 Schritte in der Richtung d–e zurückzulegen, bis wir die Hauptrichtung wieder erreichen.

Die Wegskizze nach der Karte

Die bisher dargestellten Möglichkeiten, das auf der Karte fest-
gelegte Ziel querfeldein in der Zielrichtung zu erreichen und
Hindernisse durch Abzweigungen zu umgehen, sind in den
Bergen meist nicht anwendbar. Steiles und felsiges Gelände
verwehren es dem Bergsteiger und Skifahrer von vornherein,
eine Hauptmarschrichtung einzuhalten, auf die er immer wieder zurückkommen kann. Er muß sich den Bodenformen an-
passen und stets die Richtung einschlagen, die am besten
zum Ziele führt.

Solange man sicher nach der Karte gehen kann und den
jeweiligen Standort durch Vergleich von Karte und Gelände
kennt, erübrigt sich der Gebrauch des Kompasses. Dies setzt
aber gute Kenntnis und Übung im Kartenlesen voraus. Nicht
nur die Kartensignaturen muß man kennen, man sollte sich
anhand der Höhenkurven auch eine richtige Vorstellung von
den Geländeformen machen können. Dies ist aber gar nicht
leicht, denn die Karte zeigt das Bild der Landschaft von oben
und immer im gleichen Maßstab. Das Naturbild, das sich uns
von der Seite oder schräg darbietet, sehen wir aber immer in
perspektivischer Verkürzung. Niedrige Hügel in nächster
Nähe können schon die Sicht über verhältnismäßig große Ge-
biete verdecken, so daß von größeren Bergen nur noch die
Gipfel sichtbar sind. Deshalb kann es vorkommen, daß der
Ungeübte diese weiter entfernten Gipfel in der nächsten Umgebung sucht. Nahe gelegene Hügel aber können von unten
den Eindruck hoher Berge erwecken, die man dann auf der
Karte viel weiter vom Standort weg vermutet, als sie in Wirklichkeit sind.

Abgesehen von solchen Schwierigkeiten muß man damit
rechnen, daß man in Nebel, Schneetreiben oder durch Zeitverlust in die Dunkelheit gerät. Dann ist es oft unmöglich, mit
der Karte allein den Weg zu finden. Um dieser Gefahr zu
entgehen, zeichnen wir vor der Wanderung eine Wegskizze
nach der Karte. Eine solche Skizze gibt uns eine gewisse
Sicherheit, daß wir auch unter erschwerten Verhältnissen unser Ziel erreichen. Zudem macht man sich dadurch schon

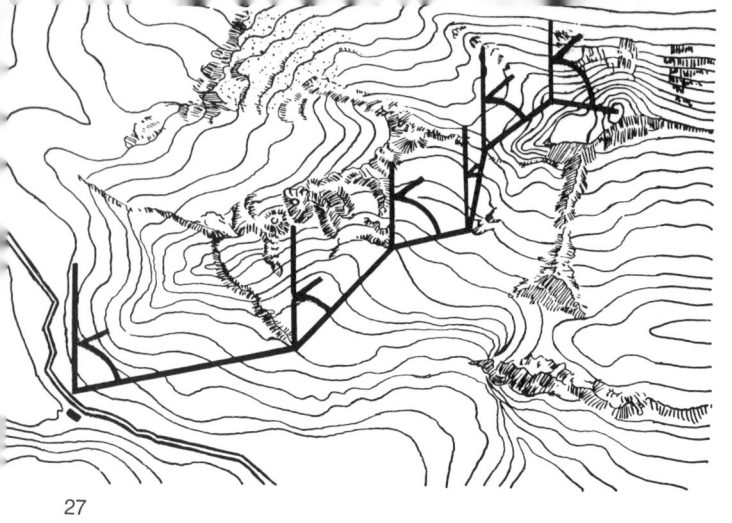

27

vorher aufgrund des Kartenstudiums ein Bild von der Landschaft. Dieses dann mit der Wirklichkeit zu vergleichen, schärft den Sinn für Geländeformen außerordentlich.

Vorgehen: Vor der Wanderung legen wir auf der Karte die Route fest, soweit sie in unwegsamem Gebiet verläuft.
Wir wählen die Marschrichtung so, daß wir an gut erkennbaren Geländepunkten (Merkpunkten) vorbeikommen.
Diese Merkpunkte bezeichnen wir auf der Karte und verbinden sie mit Bleistiftstrichen. Durch jeden Punkt zeichnen wir dann die Nordlinie (Abb. 27).
Mit Griff 1 messen wir das Azimut jeder Teilstrecke und notieren es. Dann messen wir die Länge jeder Teilstrecke und vergleichen sie mit dem Kartenmaßstab. Durch Umrechnen erhalten wir die Anzahl Schritte. Bei einer Schrittlänge von 75 cm teilen wir die Meter durch 0,75 oder multiplizieren sie mit 1,33.
Nun bestimmen wir die Meereshöhe der Geländepunkte aufgrund der Höhenkurven. Der Abstand der Höhenkurven ist am

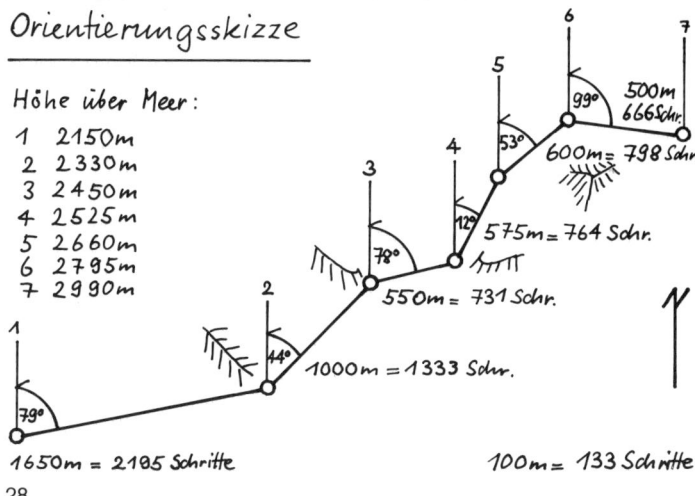

Orientierungsskizze

Höhe über Meer:

1 2150 m
2 2330 m
3 2450 m
4 2525 m
5 2660 m
6 2795 m
7 2990 m

1650 m = 2195 Schritte

1000 m = 1333 Schr.

550 m = 731 Schr.

575 m = 764 Schr.

600 m = 798 Schr.

500 m = 665 Schr.

100 m = 133 Schritte

28

unteren Kartenrand angegeben (Äquidistanz). Bei der Karte 1:25 000 beträgt er 10 m (im Gebirge 20 m).

Jetzt übertragen wir die in der Karte eingezeichneten Strecken in einem größeren Maßstab auf kariertes Papier (Abb. 28).

Jede Teilstrecke wird darauf mit Azimut, Länge in Metern und Schritten bezeichnet.

Gut erkennbare Geländemerkmale in der nächsten Umgebung der Strecke, wie Felsen, Gipfel, Gräben usw., deuten wir ebenfalls in der Skizze an. Nach einer solchen Wegskizze kann die Wanderung angetreten werden. Wir stellen bei Punkt 1 den Kompaß mit Griff 2 auf das entsprechende Azimut ein und visieren die Richtung nach Punkt 2 an. Falls man diesen Punkt noch nicht sehen kann, visiert man – wie schon beschrieben – Zwischenpunkto an, die man auf bequemstem Wege zu erreichen sucht.

Bei Punkt 2 stellen wir den Kompaß neu ein und marschieren nach 3. Die Schritte der einzelnen Teilstrecken brauchen nicht gezählt zu werden, solange man freie Sicht hat.

Ist die Sicht aber behindert oder bietet die Landschaft keine

41

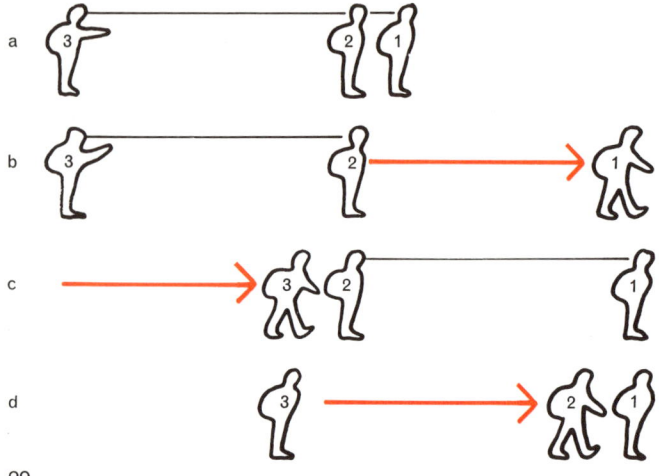

a

b

c

d

29

Merkmale, so muß man durch dauernde Kontrolle des Kompasses die Marschrichtung so gut als möglich beibehalten. Bei mindestens drei Wanderern kann man sich so helfen, daß die Leute selbst als Merkpunkte dienen. Sie stellen sich auf, wie es Abb. 29 zeigt:

a) Wanderer 3 ist am Standort, 2 und 1 stellen sich in größtmöglichem Abstand in der Marschrichtung genau hintereinander. Sie richten sich durch Zurufe von 3 ein, der mit dem Kompaß visiert.

Für das weitere Vorgehen braucht man den Kompaß nicht mehr. Es ist aber ratsam, sich zwischendurch von der Genauigkeit der Marschrichtung zu überzeugen.

b) 1 marschiert alleine weiter, und zwar so weit, wie es Sicht- und Rufverbindung erlauben. 1 läßt sich dabei durch Zurufe von 3, der über 2 visiert, dirigieren.

c) 3 begibt sich zu 2.

d) 2 begibt sich zu 1.

Nun ist die Ausgangsstellung wieder erreicht, und man beginnt von vorne, bis man am Ziel ist.

Auch nur zwei Wanderer können sich so fortbewegen, indem einer vorangeht und sich vom Stehenbleibenden, der mit dem Kompaß die Marschrichtung visiert, dirigieren läßt. Hat dieser den weitestmöglichen Punkt der Sicht- und Rufverbindung erreicht, so bleibt er stehen. Der andere folgt nach auf seinen Platz, von wo in der gleichen Art weitergeschritten wird.

Beide Methoden sind auch bei Nacht und bei nicht zu dichtem Nebel anwendbar, wenn sich die Wanderer gegenseitig mit Hilfe von Taschenlampen im Auge behalten. Man benötigt dazu allerdings einen Kompaß, der mit Leuchtzeichen versehen ist. Visier, Nordspitze der Nadel sowie Deklinations- und Umgehungsmarken sind bei manchen Modellen mit einem Leuchtstoff versehen.

In allen diesen Fällen ist es notwendig, die Schritte beim Gehen abzuzählen. Stößt man nach der vorgesehenen Schrittzahl, die auch in der Skizze vermerkt ist, nicht auf das anvisierte Geländeziel, so muß dieses gesucht werden. Erst wenn es gefunden ist, kann man mit dem neuen Azimut weiterwandern.

Ermitteln des Standortes

Beim bisher Besprochenen haben wir stets angenommen, daß unser Standort bekannt ist. Es kann aber passieren, daß man sich verlaufen hat und plötzlich nicht mehr weiß, wo man sich befindet. Jede weitere Orientierung ist dann unmöglich. Zuerst muß der Standort auf der Karte gefunden werden. Bei Nacht und Nebel bleibt nichts anderes übrig, als Aufhellung abzuwarten. Sind unsere Spuren zu sehen, so können wir zum letzten bekannten Punkt zurückfinden und uns dort neu orientieren. In Berggegenden kann man sich bei mangelnder Übersicht oft durch Vergleichen der Geländeformen mit den Höhenkurven auf der Karte zurechtfinden. Die Neigung eines Hanges, die Richtungen beider Talseiten u. a. können wichtige Fingerzeige seIn.

Kann man aber einen weiteren Umkreis überblicken, so ist es

30

möglich, eine Standortbestimmung mit Kompaß und Karte durchzuführen.

Je nach den Voraussetzungen gibt es verschiedene Möglichkeiten einer Standortbestimmung:

a) nach einem fernen Geländepunkt und einer nahen Geländelinie;

b) nach zwei fernen Geländepunkten;

c) nach den Höhenkurven (Höhenmesser erforderlich).

Für a) benötigen wir einen weiter entfernten Geländepunkt, z. B. einen Berggipfel, der auf der Karte bekannt ist, und eine nahe Geländelinie, z. B. Bach, Straße oder Waldsaum. Diese Geländelinie sollte möglichst in einem annähernd rechten Winkel zur Blickrichtung nach dem gewählten Geländepunkt liegen. Sie muß ebenfalls auf der Karte bekannt sein.

Vorgehen: Mittels Griff 3 visieren wir den Geländepunkt an und lesen das Azimut ab (Abb. 30).

Nun legen wir mit Griff 4 den Kompaß so auf die Karte, daß die Windrose mit den Kartenkoordinaten übereinstimmt. Mit der Zielkante muß er an dem anvisierten Geländepunkt anlie-

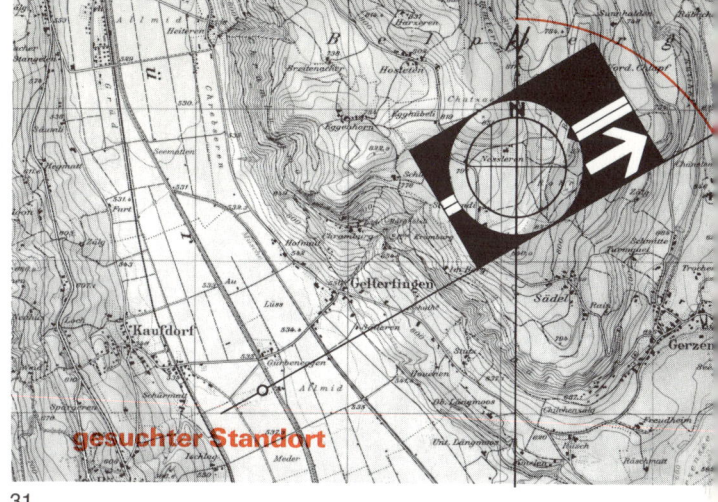

gesuchter Standort

31

gen. Die Azimuteinstellung darf natürlich nicht verändert werden.

Der gesuchte Standort liegt nun an der Zielkante oder deren Verlängerung nach rückwärts (Abb. 31).

Jetzt wird noch festgestellt, wo auf der Richtungslinie der Standort ist. Das ist nicht schwer, denn er muß in der Nähe der Geländelinie liegen.

Für b) benötigen wir zwei auf der Karte bekannte Geländepunkte, welche vom Standort aus möglichst in einem annähernd rechten Winkel liegen. Wie bei Methode a) gilt auch hier: Je spitzer der Winkel ist, desto ungenauer wird die Messung – je mehr sich der Winkel 90° nähert, desto zuverlässiger ist das Resultat.

Vorgehen: Wir messen mit Griff 3 das Azimut des einen Punktes und tragen die Richtungslinie nach Griff 4 mit Bleistift in die Karte ein. Ebenso verfahren wir mit dem zweiten Geländepunkt (Abb. 32).

Dort, wo sich die beiden Linien schneiden, ist der Standort zu suchen (Abb. 33, roter Pfeil).

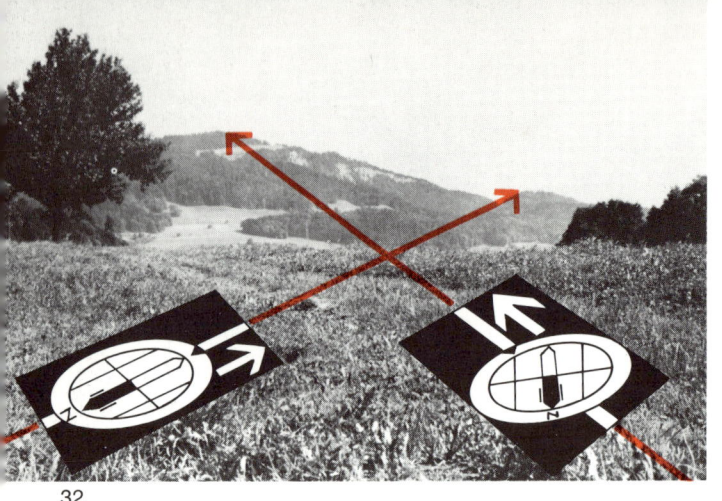

32

Diese Methode heißt Rückwärtseinschneiden, weil sich die beiden Richtungslinien von den anvisierten Geländepunkten her rückwärts zu unserem Standort hin gezogen schneiden.

Die Genauigkeit dieser Standortbestimmung hängt aber von folgenden Voraussetzungen ab: Die anvisierten Geländepunkte müssen sowohl in der Landschaft wie auch auf der Karte eindeutig erkannt worden sein. Bei Berggipfeln muß man in dieser Hinsicht besonders aufpassen, daß man nicht etwa einen Nebengipfel anvisiert, in der irrigen Meinung, es sei der Hauptgipfel. Ein Nebengipfel kann nämlich in der Perspektive unseres Standortes viel größer und wuchtiger erscheinen. Vor diesem Irrtum schützt man sich am besten dadurch, daß man das Kartenbild möglichst genau betrachtet und unter Umständen einen anderen Punkt wählt, bei welchem keine Zweifel bestehen.

Schließlich hängt das Ergebnis auch von der Genauigkeit ab, mit welcher man visiert und die Nadel auf die Deklinationsmarke einspielen läßt. Deshalb ist es vorteilhaft – wie übrigens in allen Fällen, wo es auf große Genauigkeit ankommt –,

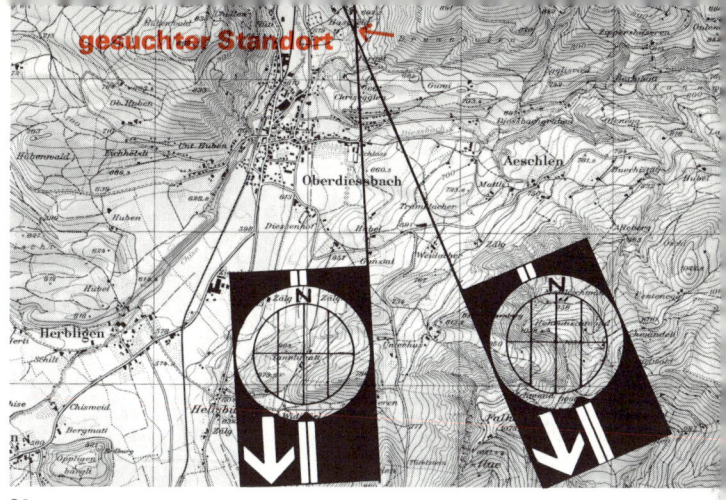

den Arm beim Messen irgendwo aufzustützen. Noch genauer wird diese Standortbestimmung, wenn wir einen dritten Meßpunkt einbeziehen.

In Abb. 34 sind ein Berg, ein Schloß und ein Kirchturm anvisiert worden. Von allen drei Punkten ist wieder eine Richtungslinie rückwärts gezogen worden. Beim Rückwärtseinschneiden treffen sich die drei Linien aber nicht, wie vielleicht erwartet, in einem Punkt. Es wird ein mehr oder weniger großes Dreieck entstehen, das man Fehlerdreieck nennt. Es ist nämlich mit unseren verhältnismäßig einfachen Hilfsmitteln nicht möglich, ganz genaue Messungen vorzunehmen, obwohl diese Methode theoretisch richtig ist. Unser Standort aber befindet sich mit Sicherheit innerhalb dieses Fehlerdreiecks (In der Abbildung schraffiert)

Selbstverständlich vergleichen wir in allen Fällen den nach Karte und Kompaß gefundenen Standort mit der Örtlichkeit und können so anhand charakteristischer Geländemerkmale eine präzisere Standortbestimmung durchführen.

c) In bergigem Gelände lassen sich aber auch die Höhenkur-

gesuchter Standort

ven der Karte als Geländelinien zur Standortbestimmung verwenden, sofern ein Höhenmesser zur Verfügung steht.

Vorgehen: Wir visieren einen uns bekannten Berggipfel an und messen das Azimut. Dann legen wir den Kompaß so auf die Karte, daß die Nordrichtungen von Karte und Kompaßdose übereinstimmen. Die Zielkante wird an dem anvisierten Gipfelpunkt angelegt. Hierauf ziehen wir mit dem Bleistift die rückwärtige Verlängerung der Zielkante bis dorthin, wo wir unseren Standort vermuten (Abb. 35, roter Pfeil).
Nun lesen wir die Zahl auf dem Höhenmesser ab. In unserem Beispiel zeigt er 1095 m ü. M. an.
Dort, wo sich die Richtungslinie mit der entsprechenden Höhenkurve schneidet, muß unser Standort sein. Um sicherzugehen, müssen wir aber auch die Richtung des Hanges, auf welchem wir stehen, und seine Lage zum anvisierten Punkt in Betracht ziehen. Außerdem schätzen wir die ungefähre Entfernung in der Natur und vergleichen sie mit der gemessenen Distanz auf der Karte.

gesuchter Standort

35

Damit der Höhenmesser zuverlässige Werte anzeigt, müssen die lokalen Luftdruckschwankungen berücksichtigt werden. Dieses Instrument ist ja ein sehr feiner Luftdruckmesser, ein Dosenbarometer. Weil mit zunehmender Höhe über dem Meeresspiegel der Luftdruck abnimmt, kann damit auch die Meereshöhe festgelegt werden. Allerdings verändern sich mit dem Wetter auch die Druckverhältnisse. Damit man die Höhe ohne Umrechnen ablesen kann, ist der Ring mit der Skala drehbar. Vor und eventuell während der Wanderung – je nach Witterung – muß der Höhenmesser eingestellt oder überprüft werden. Sobald man an einem Punkt angelangt ist, von dem man eine sichere Höhenangabe besitzt – entweder aus der Karte oder von einem Wegweiser –, nimmt man diese Einstellung an Ort und Stelle vor.

Aus diesem Kapitel geht klar hervor, daß es sehr schwierig ist, einen unbekannten und ungewissen Standort sicher zu bestimmen. Viel einfacher ist es, beim Marschieren den jeweiligen Standort zu kontrollieren, so daß man ständig weiß, wo man sich befindet.

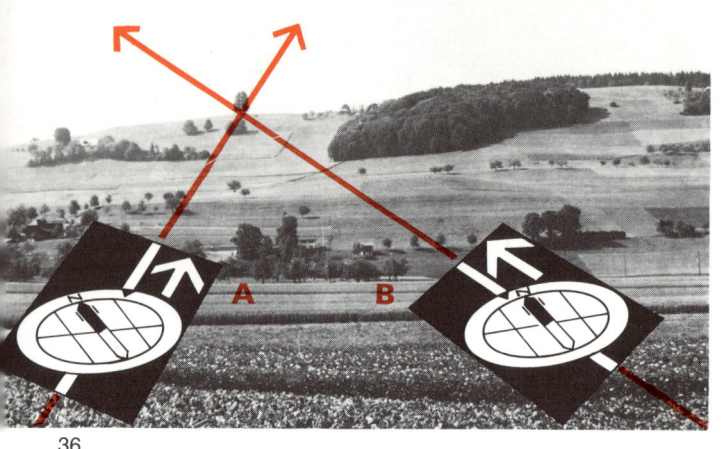

36

Bestimmen von Geländepunkten

Wie wir unbekannte Punkte in der Landschaft bestimmen können, ist schon bei der Anwendung des Griffes 3 beschrieben worden. Auf diese Art erhalten wir aber nur die Richtung, in welcher der gesuchte Punkt liegt, während die Entfernung nicht berücksichtigt wird oder geschätzt werden muß.

Durch **Vorwärtseinschneiden** kann man aber neben der Richtung auch die Lage eines Punktes bestimmen. Haben wir beim Suchen des Standortes von zwei bekannten Geländepunkten den Standort rückwärts eingeschnitten, so gehen wir hier gerade umgekehrt vor: Wir messen von zwei verschiedenen auf der Karte festgelegten Standorten aus die Azimute zum gleichen Punkt und finden diesen dort, wo sich die Richtungslinien schneiden.
Vorgehen: Beim Auftauchen des fraglichen Punktes messen wir mit Griff 3 das erste Azimut. Wir übertragen die Richtungslinie vom Standort aus mit Griff 4 (Abb. 36 und 37: A).

37

Nachdem wir eine angemessene Entfernung vom ersten Standort aus erreicht haben, messen wir ein zweites Mal das Azimut. Wir erhalten natürlich einen anderen Wert. Auch diese Richtungslinie übertragen wir in die Karte – vom zweiten Standort aus (Abb. 36 und 37: B).

Diese beiden Linien werden sich auf der Karte dort schneiden, wo der anvisierte Punkt liegt (roter Pfeil). Voraussetzung ist allerdings wiederum, daß wir genau gemessen haben. Auch darf die Strecke zwischen den beiden Standorten nicht zu klein sein im Verhältnis zur Entfernung des fraglichen Geländepunktes. Auch hier gilt der Grundsatz: Je mehr sich der Winkel zwischen den beiden Richtungen einem rechten Winkel nähert, desto genauer wird das Resultat.

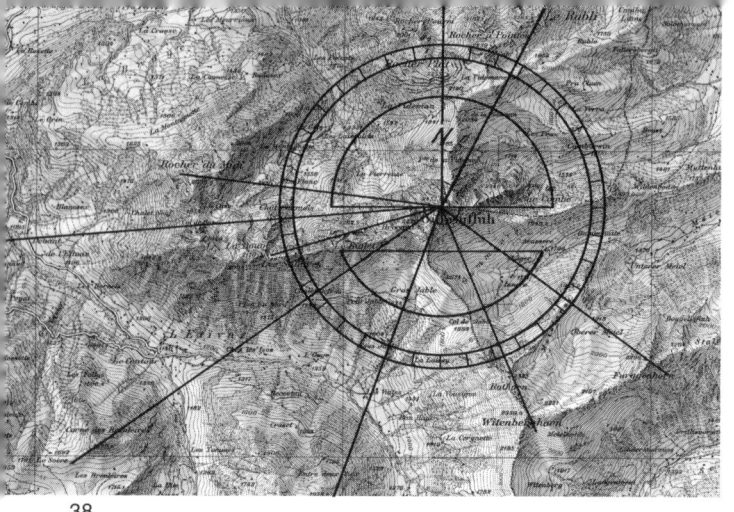

38

Die Panoramaskizze

Oft hat man den Wunsch, auf einem Aussichtsberg die sich darbietende Rundsicht nicht nur zu genießen, sondern auch genauer kennenzulernen. Erlauben es Zeit und Witterung, so kann man die Karte ausbreiten und mit dem Kompaß die Punkte anvisieren, die man bestimmen möchte. Durch Vergleichen der Richtungen, Schätzen der Höhen und Entfernungen einzelner Berggipfel kann man sich einigermaßen zurechtfinden. Möchte man aber die Aussicht richtig genießen und die Zeit nicht zu sehr in Anspruch nehmen, empfiehlt es sich, zu Hause eine Panoramaskizze vorzubereiten. Diese Skizze enthält einige der markantesten Berge oder Punkte, nach welchen man leicht auch die übrige Landschaft bestimmen kann. Sie ersetzt die Karte nicht, ist aber ein wertvolles Hilfsmittel.

Vorgehen: Wir legen ein genügend großes Pauspapier auf die Karte. Da eine Rundsicht ein größeres Gebiet umfaßt, ist es

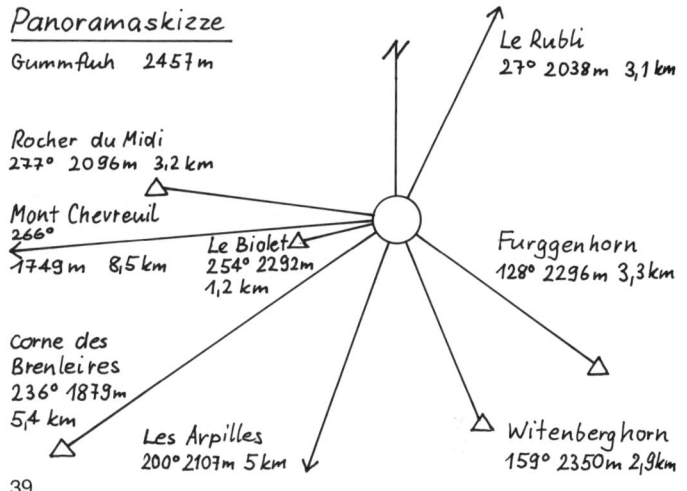

Panoramaskizze

Gummfluh 2457 m

Le Rubli
27° 2038 m 3,1 km

Rocher du Midi
277° 2096 m 3,2 km

Mont Chevreuil
266°
1749 m 8,5 km

Le Biolet
254° 2292 m
1,2 km

Furggenhorn
128° 2296 m 3,3 km

Corne des
Brenleires
236° 1879 m
5,4 km

Les Arpilles
200° 2107 m 5 km

Witenberghorn
159° 2350 m 2,9 km

39

angebracht, zu diesem Zweck eine Karte mit größerem Maßstab zu benützen, z.B. 1:100 000. Am künftigen Standort des Aussichtsberges stecken wir eine Nadel ein. Wir beschweren das Pauspapier, damit es nicht verrutscht.

Zunächst ziehen wir mit Bleistift die Nordlinie in die Karte vom Standort aus. Nun ziehen wir Linien von der Nadel über die zu bestimmenden Punkte (Abb. 38).

Zu jedem Punkt schreiben wir den entsprechenden Namen und die Meereshöhe. Auch die Distanzen messen und notieren wir.

Mit Hilfe des Transporteurs oder des Kompasses messen wir die Azimute und schreiben sie ebenfalls an (Abb. 39).

Auf dem Aussichtsberg angekommen, stellen wir mit Griff 2 den Kompaß auf das notierte Azimut ein und visieren den entsprechenden Punkt an, dessen Name, Höhe und Distanz wir ebenfalls mühelos unserer Skizze entnehmen. Mit den übrigen Punkten verfahren wir in gleicher Weise, und die dazwischenliegenden Landschaftssektoren werden nach der Karte leicht zu bestimmen sein.

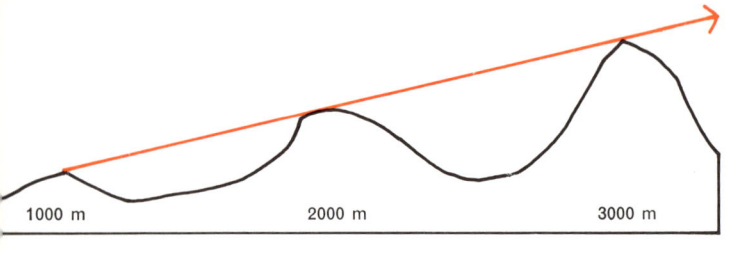

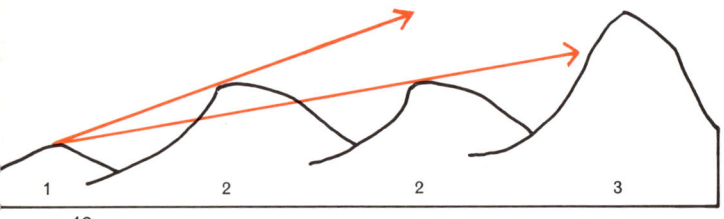

1000 m   2000 m   3000 m

1   2   2   3

40

Welche Gipfel wirklich sichtbar sind, läßt sich aus der Karte herauslesen, wenn man die Höhen des Standorts, des anvisierten Punktes und der dazwischenliegenden Erhebungen miteinander vergleicht.

Beispiel Abb. 40:

1 Aussichtsberg 1000 m hoch

2 Dazwischenliegende Erhebung 2000 m hoch

3 Anvisierter Gipfel 3000 m hoch

Sind die Entfernungen 1–2 und 2–3 etwa gleich groß, so bleibt uns der Gipfel 3 verborgen (Abb. 40 oben).

Der Höhenzug 2 wird sich vom Standort 1 aus gesehen um so höher über den Horizont erheben, je geringer die Entfernung 1–2 ist.

Ist die Entfernung 2–3 kleiner, so wird der Gipfel sichtbar (Abb. 40 unten). Dasselbe gilt natürlich für einen Beobachter auf Gipfel 3, der den kleineren Berg 1 sehen möchte.

Entscheidend sind aber nicht nur die Höhen dieser Erhebungen, sondern auch die Entfernungen zum Standort und zum Gipfel.

41

Die Grundrißskizze

Gelegentlich kommt man in die Lage, von einem kleineren Landschaftsteil eine Situationsskizze zu zeichnen. Dies vielleicht, um die Lage bestimmter Geländepunkte festzuhalten, die auf der Karte nicht eingezeichnet sind, oder man möchte jemand anderem eine Situation zur Orientierung weiterleiten.

Die Planskizze wird von einem erhöhten Punkt aufgenommen, von wo man das Gelände gut überblicken kann (Abb. 41). Trotzdem ist es ja nicht einfach, die aufzunehmenden Formen so darzustellen, wie wenn man sie senkrecht von oben sähe. Wir sehen die Landschaft immer perspektivisch. Zudem geht vor allem dem ungeübten Auge das Maß für Größe und Entfernung weitgehend ab. Sobald man aber zum Festlegen einiger maßgebender Punkte den Kompaß verwendet, wird die Skizze bedeutend genauer und damit auch klarer. Bei einiger Übung bedeutet diese Methode auch keinen Zeitverlust – ganz im Gegenteil.

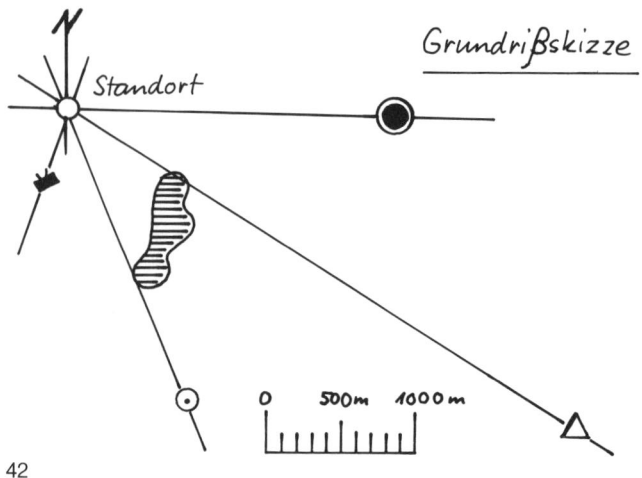

Grundrißskizze

Standort

N

0   500m   1000m

42

Vorgehen: Zuerst legen wir auf dem Papier unseren Standort fest. Seine Lage richtet sich nach dem Geländeausschnitt, den wir aufnehmen möchten. Durch den Standort ziehen wir eine senkrechte Linie nach oben, die Nordlinie.

Mit Griff 3 messen wir die Azimute der wichtigsten Geländepunkte und übertragen mit Griff 4 die Richtungslinien in die Skizze (Abb. 42). Nun schätzen wir die Distanzen entweder durch Eingabeln oder mit dem Daumensprung (s. Distanzenschätzen).

Die Entfernungen werden nach einem für die entsprechende Plangröße gewählten Maßstab eingetragen. Wir bezeichnen die Punkte mit einfachen, aber deutlichen Symbolen; je nach Bedarf schreiben wir sie an. Nun zeichnen wir die dazwischenliegenden Sektoren, soweit es die Situation oder die Absicht einer geschlossenen Darstellung erfordert. Eine genauere Lagebestimmung der Geländefixpunkte ergibt natürlich das Vorwärtseinschneiden (Abb. 43).

Dabei wird jeder Punkt von zwei verschiedenen Standorten anvisiert und vorwärts eingeschnitten. Diese Methode wird

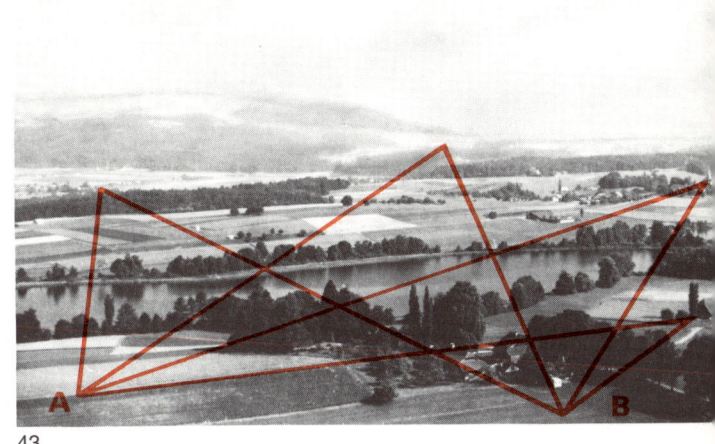

43

man nur dann anwenden, wenn genügend Zeit zur Verfügung steht und Wert auf eine möglichst lagerichtige Darstellung gelegt wird. Sie wird übrigens auch bei der Landesvermessung angewendet. Allerdings mißt man dort nicht mit dem Kompaß, sondern mit einem optischen Instrument, das sehr präzise Winkelmessungen erlaubt, dem Theodoliten.

Vorgehen: Vom Standort A aus messen wir mit Griff 3 die Azimute der Geländepunkte und tragen die Richtungslinien in den Plan ein.
Wir suchen dann den neuen Standort B auf, von wo die Punkte alle sichtbar sind. B muß von A so weit entfernt sein, daß beim neuerlichen Anvisieren der Punkte Winkel entstehen, die sich wesentlich von jenen aus Punkt A gemessenen unterscheiden.
Die Länge der Strecke A−B muß bekannt sein aus der Karte oder durch Abzählen der Schritte; es zählt aber die Luftlinie!
Auch die Richtung der Basislinie A−B muß genau bestimmt werden. Bevor man Punkt A verläßt, visiert man die Richtung

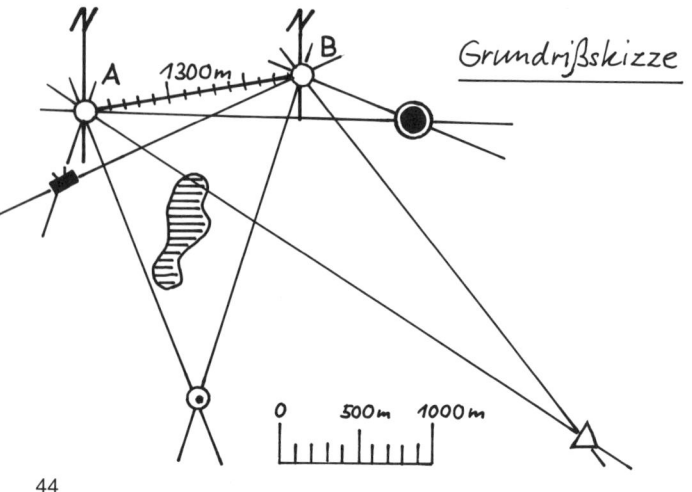

Grundrißskizze

44

nach B und überträgt sie auf die Zeichnung. Von der Genauigkeit dieser Meßbasis hängt viel für die ganze Planskizze ab.

Bei B angelangt, zeichnet man die Basis A—B in einem günstigen Maßstab ein.

Auch durch Punkt B ziehen wir eine Nordlinie.

Nun messen wir von hier die Azimute aller Geländepunkte und übertragen die Richtungen in die Skizze (Abb. 44).

Es entstehen so viele Dreiecke wie Punkte, die man anvisiert hat, auf einer gleichen Basis A—B.

Die Spitzen der Dreiecke können als Lageorte der Punkte angenommen werden.

Die Ansichtsskizze

Die Ansichtsskizze soll eine möglichst einfache, klare und übersichtliche Zeichnung sein. Sie erhebt keinen Anspruch auf allzu große Exaktheit, soll aber in ihren Proportionen ungefähr stimmen. Sie kann dazu dienen, Situationen festzuhalten, bestimmte Aufträge zu fixieren oder einen Nachfolgenden über Weg und Ziel klar zu informieren. Die Skizze muß deshalb nur das Wesentliche in leicht erfaßbaren Formen enthalten. Auf jedes schmückende Beiwerk wird bewußt verzichtet. Dafür soll das Charakteristische der Objekte stark hervortreten. Ein freistehender Baum z. B. hat eine Kugel- oder Dreiecksgestalt, einen kurzen oder hohen Stamm. Auch Hausdächer von Bauernhöfen können sehr markante Formen haben, die, wenn sie auf der Skizze klar umrissen sind, unverkennbar herausstechen. Wenige solcher klarer Details an einigen über die Skizze verteilten Punkten erleichtern die Orientierung und beugen Mißverständnissen vor. Denn in den meisten Fällen zeichnen wir die Skizze für einen anderen, der sie dann ohne Mühe lesen können sollte. Wald, Baumgruppen und auch engstehende Gebäudekomplexe werden der besseren Übersichtlichkeit wegen zu Großformen zusammengefaßt und schraffiert. Auf Schatten sollte man verzichten, und zwar auf Selbst- wie auf Schlagschatten. Diese sind ja ganz von der Tageszeit abhängig und können eine Ansicht so stark prägen, daß das Landschaftsbild bei einem anderen Sonnenstand stark verändert wirkt. Im Gelände stark hervortretende Objekte sollten auch auf der Skizze stärker, mit größerem Druck, gezeichnet werden. Wir verwenden deshalb immer einen weichen Bleistift.

Vorgehen: Der Landschaftsausschnitt soll nur so groß sein, wie es der Zweck der Skizze erfordert. Wir müssen uns zu Beginn also klarwerden über die Begrenzungen links, rechts und oben, unten (Abb. 45).
Die Schwierigkeit für den Anfänger besteht oft darin, daß er an einer Ecke zu zeichnen beginnt, dann aber beim Weiterfahren feststellen muß, daß alles zu groß geworden ist und

45

das Wichtigste gar keinen Platz mehr hat. Um dies zu vermeiden, skizziert man zuerst leicht die großen Formen der Landschaft in den entsprechenden Proportionen: z.B. den Horizont, einen Waldrand, einen quer durchlaufenden Weg, den Standort eines Hauses usw. Dann vergleicht man etwa die Abstände der verschiedenen Objekte zueinander: Das Haus ist vom Weg gleich weit entfernt wie vom Waldrand usw. Erst wenn dieses «Gitter» in seinen Verhältnissen ungefähr stimmt, fangen wir mit dem eigentlichen Skizzieren an (Abb. 46).

Dabei fragen wir uns: Was ist wichtig, was sticht im Gelände ins Auge? Es handelt sich bei unserer Ansichtsskizze ja nicht um ein Abzeichnen nach Natur, sondern um eine sprechende Skizze. Müssen wir die Lage eines Punktes angeben, der im Gelände gar nicht so offensichtlich in Erscheinung tritt oder gar versteckt ist, wählen wir einen markanten Geländepunkt in dessen Nähe und bezeichnen diesen als Ausgangspunkt. Dies kann ein freistehender Baum, eine Wegbiegung oder sonst etwas Hervorstechendes sein. Von da an bezeichnen wir

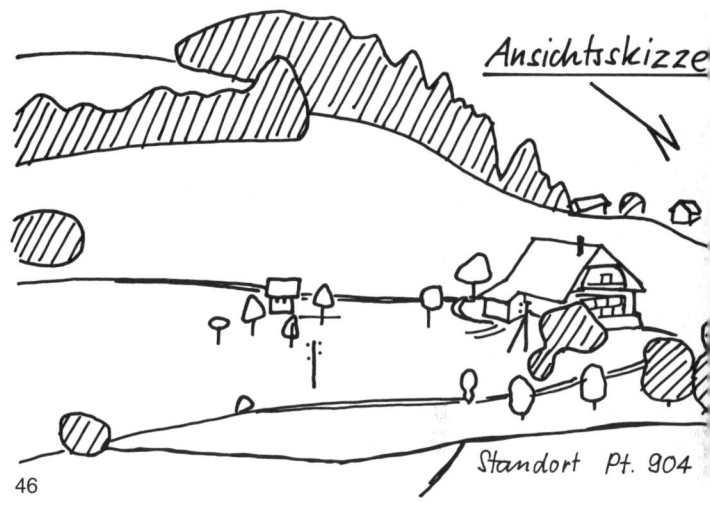

Ansichtsskizze

Standort Pt. 904

46

die Richtung zum Suchpunkt meist nach der Uhrzeit. Also etwas links vom Ausgangs- oder Haltepunkt auf gleicher Höhe Liegendes wird in «Richtung 9 Uhr», etwas unterhalb «Richtung halb 9 Uhr» gesehen. Die Distanz wird dann in Fingerbreiten angegeben. Der Zeichner wie auch der, der nach der Skizze etwas auffinden sollte, strecken dabei den Arm durch und vergleichen die Distanz zwischen den beiden Punkten mit Fingerbreiten. Eine solche Angabe wird dann in die Skizze eingetragen, z. B. «3½ Fingerbreiten Richtung 4 Uhr».

Nach Fertigstellung der Skizze muß der Standort des Zeichners angegeben werden nach Höhenpunkt, Kilometerkoordinaten oder Ortsnamen. Die Skizze ist eine perspektivische Ansicht und stimmt nur von diesem einen Punkt aus gesehen mit dem Gelände überein. Bekannte Höhenzüge, Gewässer und Siedlungen können mit Namen bezeichnet werden, falls dies erforderlich ist und die Übersicht der Skizze nicht stört. Auch die Nordrichtung bezeichnen wir mit einem Pfeil.

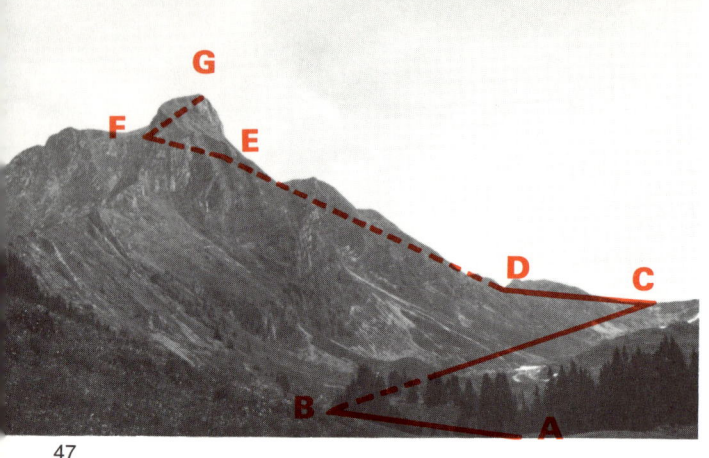

47

Die Wegskizze nach der Landschaft

Wie man das Ziel im weglosen, unmarkierten Berggelände nach einer vor der Wanderung mit Hilfe der Karte gezeichneten Wegskizze finden kann, wurde bereits beschrieben. Es kann aber auch vorkommen, daß man Geländepunkte, die nicht eingeplant waren, aufsuchen will oder daß man durch die Umstände gezwungen ist, einen anderen Weg einzuschlagen.

Damit man aber auch in dieser Lage den jeweiligen Standort auf der Karte jederzeit nachweisen oder den zurückgelegten Weg später auf der Karte verfolgen kann, zeichnet man eine Wegskizze. Oft ist es so, daß man dann während des Marsches Ausgangspunkt und Ziel nicht immer sehen kann, so daß sich eine Wegskizze auch deshalb als günstig erweist (Abb. 47).

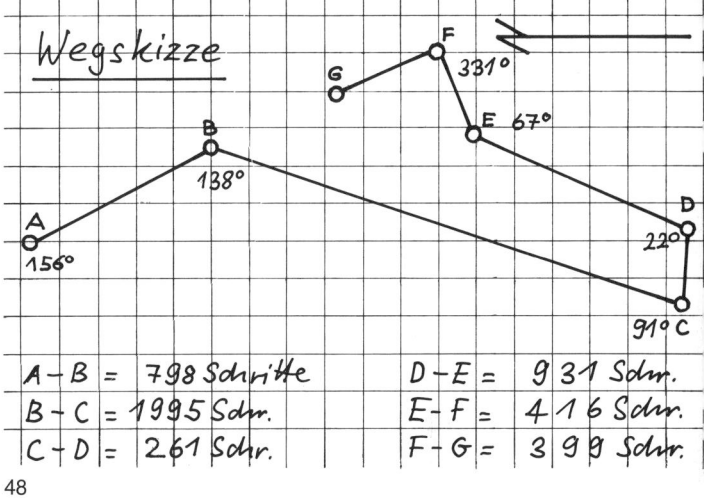

Wegskizze

A–B = 798 Schritte	D–E = 931 Schr.
B–C = 1995 Schr.	E–F = 416 Schr.
C–D = 261 Schr.	F–G = 399 Schr.

48

Vorgehen: Auf kariertes Papier, dessen senkrechte Linien die Nordrichtung bilden, zeichnen wir den Standort A.

Mit Griff 3 visieren wir den Richtungspunkt B an.

Das gemessene Azimut übertragen wir mit Griff 4 auf die Skizze, indem wir die Richtungslinie aus A zeichnen (Abb. 48).

Nun legen wir die Strecke A–B zurück und zählen dazu die Schritte. Wir übertragen die Länge der Strecke nach einem ausgewählten Maßstab, z. B. 200 Schritte = 1 cm, in die Skizze.

Bei B fordert das Gelände eine Richtungsänderung. Wir wählen deshalb einen neuen Zielpunkt.

Wieder messen wir das Azimut und tragen die Richtungslinie aus B in die Skizze ein.

Wir verfahren genau wie vorher, indem wir bis zu C die Schritte zählen usw.

Sind wir am Ziel angelangt, ist auch die Skizze fertig gezeichnet. Diese kann später auf die Karte übertragen werden oder bei einer späteren Wanderung Verwendung finden.

Ermitteln von Distanzen

Kleinere Entfernungen lassen sich durch Abschreiten und Zählen der Schritte ermitteln. Größere Entfernungen können am Maßstab der Karte abgelesen werden, was allerdings voraussetzt, daß die Lage der Punkte, deren Distanz bestimmt werden soll, in der Karte bekannt ist. Ist dies nicht der Fall, kann man sich schließlich durch Schätzen behelfen. Der Ungeübte irrt sich oft bei solchem Schätzen der Entfernungen, namentlich dann, wenn das Gelände vor dem Objekt, dessen Entfernung geschätzt werden soll, nicht zu überblicken ist. Ein Berg z.B. wird meist näher geschätzt, solange ein nahe liegender Höhenzug nur die Sicht auf seinen Gipfel freigibt. Kann man dann aber von der Höhe aus die dazwischenliegende Landschaft überblicken, gewinnt man erst ein Raumgefühl und ein Maß für die wirkliche Entfernung.

Der Daumensprung

Ein bekannter und einfacher Behelf zum Ermitteln von Entfernungen ist der Daumensprung. Er setzt allerdings voraus, daß man eine Querstrecke, also eine quer zur Sehlinie liegende Strecke beim Objekt, dessen Entfernung man ermitteln will, kennt oder einigermaßen richtig einzuschätzen vermag.
Der Daumensprung beruht auf folgendem Prinzip:
Der Abstand zwischen den beiden Augen eines erwachsenen Menschen beträgt 65 mm. Die Distanz vom Auge bis zum Daumen, den man bei ausgestrecktem Arm nach oben hält, ist normalerweise 650 mm, also das Zehnfache des Augenabstandes. Somit beträgt die Distanz von unserem Daumen bis zum Objekt das Zehnfache einer Querstrecke, die durch wechselweises Visieren mit beiden Augen entsteht. Doch lassen wir die Theorie; probieren geht über studieren!

Vorgehen: Wir strecken unseren Arm aus in der Blickrichtung auf ein Objekt, dessen Distanz wir ermitteln wollen. Den Daumen strecken wir senkrecht in die Höhe. (Man kann auch einen Bleistift in der Faust halten.) Nun zielen wir mit dem

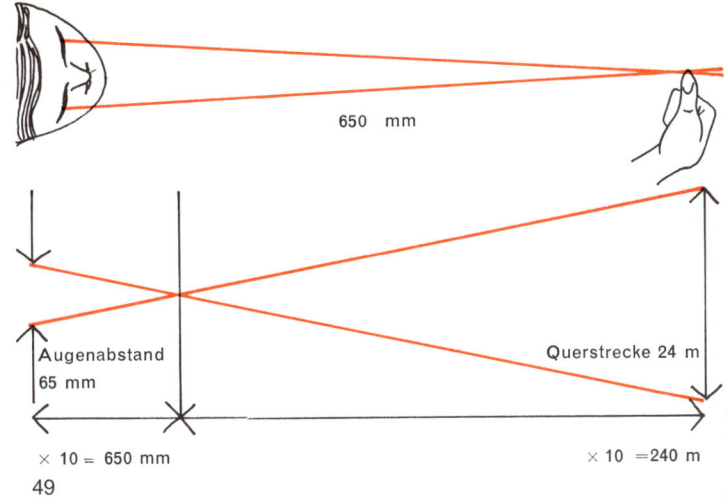

650 mm

Augenabstand
65 mm

Querstrecke 24 m

× 10 = 650 mm

× 10 = 240 m

49

rechten Auge über die Daumenspitze auf den Geländepunkt. Das linke Auge aber schließen wir dabei. Haben wir in dieser Weise den Punkt anvisiert, schließen wir das rechte Auge und öffnen gleichzeitig das linke. Jetzt zielen wir mit dem linken Auge, ohne aber die Stellung des Daumens oder des Bleistiftes zu verändern. Dabei machen wir die Feststellung, daß der Daumen nun nicht mehr in der Zielrichtung des Geländepunktes liegt. Er scheint einen Sprung nach rechts gemacht zu haben und zeigt auf einen anderen Punkt. Diesen Punkt aber müssen wir uns merken. Er ist der Endpunkt der Querstrecke, deren Größe verzehnfacht die gesuchte Distanz ergibt. Abb. 49 zeigt das Prinzip.

Nach einiger Übung kann man auch beide Augen offenbehalten und sieht dann, wenn der Blick auf den Hintergrund gerichtet ist, zwei Daumen vor zwei verschiedenen Geländepunkten.

Wie schätzen wir aber die durch Daumensprung erhaltene Querstrecke einigermaßen zuverlässig? Von dieser Schätzung hängt ja die Genauigkeit des Resultats ab. Die zehnfache

20 m
(Tannenhöhe)

20 m

50

Länge der Querstrecke ergibt die Distanz. Fehler werden also auch verzehnfacht!

Da Höhen leichter zu schätzen sind als Breiten, vergleichen wir die erhaltene Querstrecke mit der Höhe eines Baumes oder eines Hauses in der Nähe.

Abb. 50 zeigt dazu ein Beispiel: Die Entfernung zu einer freistehenden Tanne soll ermittelt werden. Beim Visieren «springt» der Bleistift von der Tanne nach rechts bis zu einem Punkt, der eine Tannenhöhe entfernt ist. Nehmen wir die Höhe der Tanne mit 20 m an, so beträgt die Querstrecke 20 m. Die Entfernung ist 10mal größer und beträgt also 200 m.

Als Anhaltspunkt kann man sich einige Höhen merken:

Ausgewachsene Tanne	30 m	Masten elektr. Leitungen	
Ausgewachsene		und Bahnen	8–10 m
Bergtanne	20 m	Stockwerk	
Großer Birnbaum	10 m	Wohnhaus	2,5–3 m
Telephonstange	7 m	Verkehrssignal	2 m

51

Einfacher ist das Schätzen von Querstrecken bei Häusern, da wir dort von der Länge oder Breite des Hauses ausgehen können.

Das Meßstäbchen

Ziemlich genau lassen sich Entfernungen mit einem kurzen Millimeterstäbchen ermitteln, das man 50 cm vor das Auge hält und damit das Geländeobjekt mißt, dessen Entfernung gefunden werden soll. Eine Ausdehnung dieses Objektes muß aber auch hier bekannt sein. Das Meßstäbchen läßt sich notfalls leicht herstellen, indem man ein 10 cm langes Hölzchen mit Papier beklebt und darauf eine Millimetereinteilung anbringt.

Um die Distanz von 50 cm, in welcher das Stäbchen vor das Auge gehalten werden soll, genau einhalten zu können, befestigen wir daran eine dünne Schnur, deren Ende mit der linken Hand zum Auge gehalten wird, während die rechte bei gespannter Schnur das Stäbchen in der Richtung des zu messenden Objektes hält. Durch Anvisieren des einen Endes des Geländeobjektes mit dem Stäbchenanfang und durch Verschieben des Daumennagels ist es leicht, die Breite oder, bei senkrechter Haltung, die Höhe des Objektes auf der Millimeterskala festzuhalten. Die Entfernung in Kilometern erhält man nach folgender einfacher Rechnung:

$$\text{Entfernung in km} = \frac{\text{Höhe (oder Breite) des Objektes}}{\text{Millimeter} \cdot 2}$$

Beispiel: Die Höhe eines Häuschens wird mit 8 m geschätzt. Der Daumen zeigt nach dem Visieren auf 24 mm. Demnach ist die

$$\text{Entfernung} = \frac{8}{24 \cdot 2} = 0{,}16 \text{ km} = 160 \text{ m (Abb. 51)}.$$

Die Umrechnung läßt sich vereinfachen, wenn wir die Millimeterskala so aufzeichnen, daß jeder Millimeter doppelt gezählt wird, ein Zentimeter also 20 Einheiten enthält. Dann muß man beim Ausrechnen der Entfernung nur noch die Meter der Ausdehnung des Objektes durch die gemessene Strichzahl teilen.

Diese Methode kann auch gut in Verbindung mit dem Daumensprung angewendet werden.

Vergleichen mit bekannten Strecken

Fast jedermann trägt in der Vorstellung ein bestimmtes Maß, das er bei Bedarf auf andere Strecken übertragen und damit vergleichen kann. Das kann die Länge einer Straße oder der Aschenbahn, 100 m, oder die Schießplatzdistanz, 300 m, oder irgendeine andere Strecke sein. Durch Vergleich oder Abtragen dieser Strecke auf die zu schätzende Distanz in der Vorstellung kommt man nach einiger Übung zu recht guten Resultaten. Gegenüber dem Daumensprung und dem Meßstäbchen hat diese Methode den Vorteil, daß man keiner Hilfsmittel bedarf — man trägt den Maßstab in sich — und daß man nicht darauf angewiesen ist, eine Ausdehnung des Punktes, dessen Distanz ermittelt werden soll, möglichst genau zu kennen. Allerdings braucht es eine gewisse Übung und eine Sicherheit im Umgang der bekannten Strecke, die man zum Vergleich verwendet. Ein Nachteil ist, daß man sich bei unterschiedlichen Witterungs- oder Lichtverhältnissen sehr täuschen kann. Die Tatsache, daß bei klarem Wetter und bei Föhnlage alles sehr viel näher scheint, ist allgemein bekannt. Dem muß aber besonders Rechnung getragen werden.

Das Eingabeln

Dieselben Vor- und Nachteile wie beim Vergleichen finden wir auch beim Eingabeln. Oft verwendet man diese beiden Methoden auch zusammen. Beim Eingabeln schätzen wir die Distanz gleich zweimal, einmal das Höchstmaß, dann das Mindestmaß, und zum Schluß nehmen wir den Durchschnitt. Wir sagen uns zum Beispiel: Dieser Punkt kann nicht weiter als 600 m, aber auch nicht näher als 400 m sein. Nun addieren wir die beiden Werte und erhalten als Durchschnitt 500 m. Wir gabeln also einen Mittelwert ein.

Man sollte sich beim Ermitteln und Schätzen von Entfernungen nicht auf eine bestimmte Methode beschränken, sondern immer mindestens zwei anwenden, damit man dann jeweils auch die Resultate vergleichen kann. Alle Methoden haben aber eines gemeinsam: daß sie oft und immer wieder geübt werden müssen. Am besten üben wir mit der Karte, auf welcher man die geschätzten Distanzen sogleich nachmessen kann. Man übe möglichst bei verschiedenen Wetterlagen und zu unterschiedlichen Tageszeiten und vergleiche dabei die Schätzungen mit der Karte. Weil das Distanzenschätzen bei der Handhabung von Karte und Kompaß eine wichtige Rolle spielt, wird es auch oft als Wettbewerb betrieben, z.B. bei Orientierungsläufen. Eine Fehlertoleranz von etwa 10 Prozent auf- oder abwärts muß aber immer noch als gut bewertet werden.

Bestimmen der Himmelsrichtungen ohne Kompaß

Man kann in die Lage kommen, daß man sich orientieren will und keinen oder nur einen defekten Kompaß bei sich trägt. Es gibt verschiedene Möglichkeiten, sich trotzdem zu orientieren. Diese sind aber nur ein Notbehelf und können nicht solch zuverlässige Resultate liefern wie der Kompaß.

Orientierung nach der Sonne

Bei dieser gebräuchlichsten Methode müssen wir eine richtig gehende Uhr bei uns tragen. Wir gehen von der bekannten Tatsache aus, daß die Sonne ihren Tagesbogen über dem Horizont beschreibt, indem sie im Osten aufgeht, ihren Höchststand um die Mittagszeit im Süden hat und im Westen untergeht. Aber nur um die Zeit der Tagundnachtgleiche im Frühjahr und im Herbst sind die Auf- und Untergangspunkte der Sonne genau im Osten und im Westen. Gehen wir zunächst von diesem günstigsten Fall aus. Dann beträgt die Zeit zwischen Sonnenaufgang und Sonnenuntergang 12 Stunden. Der Stundenzeiger unserer Uhr dreht sich einmal ringsum, während die Sonne einen Halbkreis über dem Horizont beschreibt. Berücksichtigt man diese doppelt so schnelle Bewegung des Stundenzeigers, so kann man die Uhr als Kompaß benützen.

Vorgehen: Wir halten die Uhr so vor uns hin, daß der Stundenzeiger in die Richtung zur Sonne weist. Der Südpunkt der Landschaft befindet sich dann zwischen 12 Uhr und dem Stundenzeiger (Abb. 52). Erleichtert wird das Einrichten des Stundenzeigers gegen die Sonne dadurch, daß man an den Rand der Uhr, dort wo der Zeiger steht, eine Nadel oder ein Zündhölzchen senkrecht hinhält. Fällt der Schatten des Stäbchens dem Zeiger entlang gegen den Mittelpunkt der Uhr, dann weist der Zeiger exakt auf die Sonne.

Doch auch bei sehr sorgfältiger Handhabung sind Ungenauigkeiten kaum vermeidbar. Die Tagesbogen der Sonne über

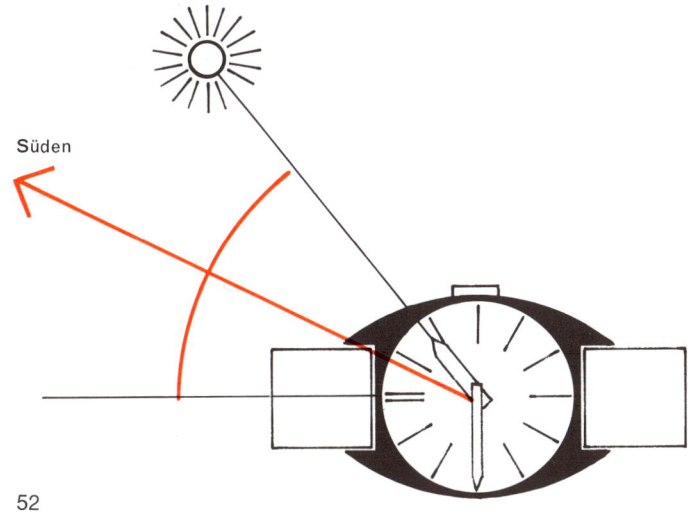

Süden

52

dem Horizont liegen zu verschiedenen Jahreszeiten höher oder tiefer und werden von der Sonne auch nicht gleich schnell durchlaufen. Doch haben diese Abweichungen für die Verwendung der Uhr als Ersatzkompaß praktisch keine Bedeutung und brauchen auch nicht korrigiert zu werden.

Daß unsere Uhren hingegen nicht genaue Ortszeit zeigen, sondern mitteleuropäische Zeit (MEZ), ist eher korrigierbar. In der Schweiz weicht die MEZ rund eine halbe Stunde von der Ortszeit ab. Wenn die Sonne hier mittags ihren Höchststand erreicht, zeigt die Uhr bereits 12.30 Uhr. Will man dies korrigieren, so kann man während des Bestimmens der Himmelsrichtungen seine Uhr um 30 Minuten zurückstellen. Es geht auch ohne Verstellen der Uhr: wir verlegen den gefundenen Südpunkt einfach etwa 7° westwärts.

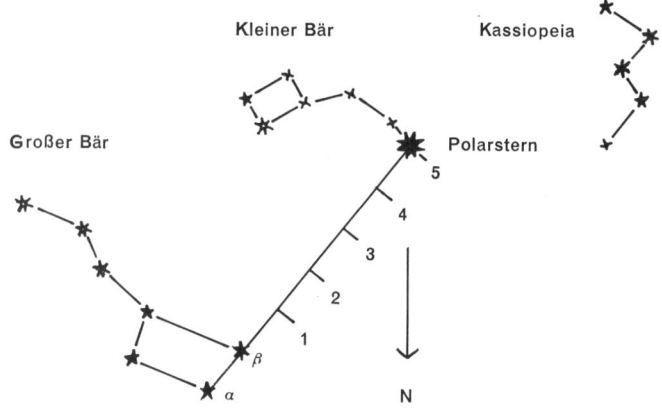

53

Orientierung nach den Sternen

Nachts kann man sich gut nach dem Polarstern orientieren, der annähernd genau über dem Nordpunkt der Landschaft steht. Er befindet sich am Himmelspol und bleibt immer an der gleichen Stelle, während die anderen Gestirne für unseren Anblick Bahnen um ihn herum beschreiben. Dabei gibt es Sternbilder, die nie unter den Horizont untergehen. Ein solches dient uns, den Polarstern leichter zu finden. Es ist das allgemein gut bekannte Bild, das Großer Bär oder auch Großer Wagen heißt. Wenn wir die «Hinterachse» des Wagens fünfmal verlängern, finden wir den Polarstern (Abb. 53). Er ist zugleich das Ende der Deichsel des Kleinen Wagens, der auch Kleiner Bär genannt wird. Der Große Wagen ist aber leichter auffindbar, weil er aus helleren Sternen besteht. Übrigens darf man nicht unsicher werden, weil er seine Stellung verändert und zu verschiedenen Nacht-, aber auch Jahreszeiten schräg liegt oder gar auf dem Kopf steht. Er dreht sich eben um den Himmelspol.

Der Orientierungssport

Das Orientierungslaufen stammt aus Skandinavien und ist in den dreißiger Jahren nach Mitteleuropa gekommen. 1897 fand der erste Orientierungslauf in Norwegen statt. In der Schweiz wurde der erste öffentliche Lauf 1933 in Zürich durchgeführt. Seither erfreut sich der Orientierungssport einer wachsenden Zahl von Anhängern, die ihn als Freizeitbeschäftigung oder als Leistungssport betreiben.

Warum ist der Orientierungssport so beliebt? Der Orientierungsläufer hat das schönste Stadion: die freie Natur. Abseits von Lärm und Betrieb bewegt er sich auf stillen Pfaden in der gesunden Waldluft. Allerdings fehlen die vollbesetzten Zuschauerränge – aber ist dies ein Nachteil? Beim Geländelauf wird der ganze Körper durchtrainiert. Aber auch das Denken wird geschult beim Umgang mit Karte und Kompaß, beim Beobachten des Geländes und beim Lösen von Orientierungs- und anderen Aufgaben. Klares Denken, schnelle Reaktion und Entscheidungsvermögen werden neben der sportlichen Leistungstüchtigkeit durchaus gleichwertig verlangt. Also haben wir es mit einem Sport zu tun, der den ganzen Menschen und nicht nur die Muskulatur fördert, der deshalb sehr ausgleichend wirken kann. Zudem ist der Orientierungslauf für alle Altersgruppen zwischen 10 und 60 Jahren geeignet. Die Anforderungen können jeder Leistungskategorie angepaßt werden. Orientierungslaufen kann man fast zu jeder Jahreszeit; im Winter auf Ski. Im Frühjahr und Herbst organisieren Turn- und OL-Vereine zahlreiche Läufe, an denen jedermann teilnehmen kann.

Voraussetzung sind lediglich Grundkenntnisse im Gebrauch von Karte und Kompaß, wie sie in den ersten Abschnitten dieses Büchleins beschrieben sind. Auch die Ausrüstung ist denkbar einfach: ein Bleistift, Marschkompaß, Turnschuhe, leichte lange Hosen (Kratzer durch Unterholz).

Die Karte wird vom Organisator abgegeben. Eine eigene Karte wie auch andere eigene Hilfsmittel (Höhenmesser usw.) dürfen nicht verwendet werden. Die OL-Karte weicht von der Normalkarte etwas ab. Sie zeigt genauere Höhenkurven und hat einen kleineren Maßstab und eine engere Äquidistanz. Nach internationalen Abmachungen ist auf den OL-Karten der Wald weiß gelassen und das übrige Gelände gelb. Auch die Kartensignaturen sind etwas anders. Doch sind sie ebenfalls leicht verständlich und gut zu merken. Der Vorstart ist ein Warteraum. Auf markiertem Weg findet der Läufer den Zeitstart, wo in Intervallen von 2 bis 5 Minuten gestartet wird. Auch der Weg zur Postenübernahmestelle (Püst) ist noch gekennzeichnet. Hier überträgt man die Lage und Nummern der Posten in seine Laufkarte. Dies erheischt große Sorgfalt, denn auf der Vorlage sind die Orte mit Kreisen bezeichnet, in deren Mitte sich jeweils ein Posten befindet. Abb. 54 zeigt eine OL-Karte mit Postennetz und der Route eines Läufers. Im Gelände ist der Posten vom Bahnleger mit einem rotweißen Quadrat, das auch die Postennummer trägt, gekennzeichnet worden. Fast bei allen Läufen müssen die Posten in der Reihenfolge ihrer Nummern angelaufen werden. Das Vorgehen mit dem Kompaß ist einfach: Wir messen mit Griff 1 das Azimut der ersten Strecke. Dann wenden wir Griff 2 an und laufen los. Die Wahl der Strecke ist dem Läufer allerdings freigestellt. Er entscheidet nach seinen Fähigkeiten, ob er eine direkte Route durch steiles Gelände bevorzugt oder eher einen kleinen Umweg in Kauf nehmen will. Solche Entscheide werden dem Anfänger schwerfallen. Doch nach einigen Erfahrungen mit dem Gelände und der eigenen Person wird man den für sich günstigsten Weg besser finden. Der direkteste Weg ist jedenfalls nicht immer der schnellste. So kommt es, daß nicht jeder Läufer dieselbe Strecke benützt, was den Lauf ebenfalls interessant macht. Einem anderen Läufer nachzusteigen, um sich das Orientieren zu ersparen, ist verpönt.

Es kann aber durchaus vorkommen, daß man den Posten nicht findet, weil man sich verrechnet oder den Kompaß zu wenig genau eingestellt hat. Da heißt es eben sehr aufpassen, denn was man beim Suchen des Postens an Zeit verliert, ist oft kaum mehr einzuholen. Ein Trost ist, daß es jedem andern auch passieren kann. Es ist also ratsam, daß man vor dem Weglaufen die Orientierung sorgfältig und genau durchführt und sich durch nichts aus der Ruhe bringen läßt. Auch wäh-

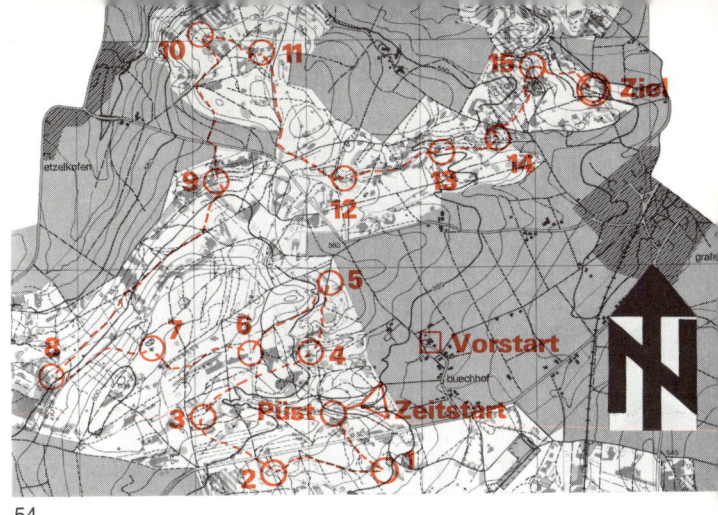

54

rend des Laufens beobachtet der gute Läufer ständig die Geländeformen und Bodenbedeckungen, um sie mit der Karte zu vergleichen.

Ist der Posten unbemannt, so befindet sich dort eine Lochzange oder ein Stempel, womit der Läufer auf seiner Kontrollkarte bestätigt, daß er dagewesen ist (Abb. 55). Es gibt manchmal auch bemannte Posten, wo bestimmte sportliche, denkerische oder Geschicklichkeitsaufgaben gelöst werden müssen, die dann in der Gesamtbewertung mitgerechnet werden. Zuweilen erfährt man auch erst an Ort und Stelle die Lage des nächsten Postens aufgrund von Azimut- und Distanz- oder Koordinatenwerten.

Entscheidend ist am Ende die Laufzeit. Gewinner ist, wer in der kürzesten Zeit alle Posten korrekt durchlaufen hat. Es gibt auch Mannschaftsläufe, die unter Umständen hohe Anforderungen an den Teamgeist der Teilnehmer stellen.

Eine andere Form des Orientierungslaufes ist der Score-Lauf. Er wird oft zum Training verwendet. Hier sind die Posten in halboffenem Gelände so verteilt, daß sie verschieden weit um

55

das Ziel herum angeordnet sind. Sie sind auf der OL-Karte eingezeichnet, dürfen aber in beliebiger Reihenfolge angelaufen werden. Für jeden Posten, den man gefunden hat, erhält man eine Anzahl Punkte, welche je nach Entfernung und Schwierigkeitsgrad verschieden ist. Die Punktzahl jedes Postens ist auf der Karte eingetragen. Es ist nicht vorgeschrieben, daß man alle Posten anlaufen muß. Der geübte Läufer wird sich dabei die Rosinen aus dem Kuchen picken und einige wenige, aber schwer zu findende Posten anlaufen. Dies bringt ihm dann eine hohe Punktzahl ein, und er kann auf die näheren Posten, die wenig zählen, verzichten oder noch einige auf dem Rückweg «mitnehmen».

Vorgeschrieben ist aber die Zeitdauer des Laufes. Nach einer bestimmten Zeit muß der Läufer zum Ausgangspunkt zurückkehren. Reicht es ihm nicht, bekommt er Abzüge. Wer im festgesetzten Zeitraum die meisten Punkte geholt hat, ist Gewinner.

Der Score-Lauf läßt dem Läufer mehr Entscheidungsfreiheit als der gewöhnliche OL, er verlangt aber das größere Können.

56

Wer selbst einen Orientierungslauf organisieren möchte, sei es in der Schule, im Sportverein oder in der Jugendgruppe, sollte folgendes beachten:

Je nach Alter und Lauftüchtigkeit der Teilnehmer ist die Bahn in Länge, totaler Steigung und Schwierigkeit anzulegen. Für Schüler liegt die Bahnlänge zwischen 3 und 5 km, und die Steigungen betragen total 100 bis 200 m. Bei der Elite sind die Strecken für die Herren 10–15 km, für die Damen 5–10 km lang. Damit sich der Läufer nicht an eine bestimmte Distanz gewöhnen kann, sollten die Teilstrecken unterschiedlich lang sein: zwischen 200 und 800 m. Als Regel gilt: viele Posten – kurze Läufe! Zwei aufeinanderfolgende Teilstrecken sollten nie im spitzen Winkel zueinander verlaufen. Vieles hängt von der Lage der Posten im Gelände ab. Bei einer leichten Bahn sind die Posten an markanten Punkten angebracht, die auch leicht zugänglich sind. Bei einer mittelschweren Bahn stehen die Posten kurz vor oder hinter markanten Punkten oder Geländelinien (Bach, Straße), auch Auffanglinien genannt. Auf der schweren Bahn stehen die Posten vor weniger gut er-

kennbaren Auffanglinien. Es können auch eigentliche Such-
posten aufgestellt werden.

Für Schüler werden zur Schonung Pausen eingelegt, denn
der Geländelauf ist hart und anstrengend. Dies geschieht am
besten durch Posten, wo Aufgaben aller Art gestellt werden:
Distanzenschätzen, Azimutmessen, Krokizeichnen usw. Viele
in diesem Büchlein besprochene Handhabungen können als
Wettbewerbsform zu diesem Zwecke dienen. Solche Pausen
sind aber auch bei Erwachsenen beliebt und bringen willkom-
mene Abwechslung in den Lauf. An solchen Posten müssen
dann bei jedem Läufer Ankunfts- und Abgangszeiten notiert
werden, damit die Wartezeit von der Gesamtzeit abgezogen
werden kann.

Die Wahl des Geländes richtet sich stark nach der Art des
Orientierungslaufes und nach den Teilnehmern. Ein Score-
Lauf wird eher in ein flaches, unübersichtliches Gelände gelegt, während man für einen schwereren Lauf ein bewaldetes,
stark kupiertes Gelände bevorzugt. Auf jeden Fall muß man
darauf achten, daß das Gelände nicht gefährlich ist, besonders bei Nachtorientierungsläufen. Felsen und Gräben sollten
durch die Lage der Bahn weit umgangen werden. Auch achtet
der gewissenhafte Bahnleger darauf, daß kein Kulturland
überschritten werden muß.

Der Veranstalter des OL muß eine genaue Startliste anlegen
mit den Namen der Teilnehmer, so daß er die Kontrolle über
die zurückgekehrten Läufer hat. Es ist gut, eine äußerste
Schlußzeit abzumachen, nach welcher auch Verirrte am Ausgangspunkt zurück sein sollten. Ist dies nicht der Fall, müssen diese Läufer gesucht werden. Am Ziel wird die Zeit aufge-
schrieben und die Kontrollkarte in Empfang genommen. Für
Erfrischungen sind die Läufer sehr dankbar; bei Kälte sorgt
ein Feuer für Stimmung.

Auch die Preisverteilung hält sich – wie alles beim Orientierungslauf – in bescheidenen Grenzen. Jeder Teilnehmer erhält, wenn möglich, ein neues Kartenblatt mit dem Geländeausschnitt des bestandenen Laufes zur Erinnerung. Preise
gibt es keine. So halten es auch die «Großen» dieser Sportart.

Empfehlenswerte Literatur

H. Brinkmann, Orientierungssport, Wilhelm-Limpert-Verlag,
Frankfurt a. M.

S. Cornaz/R. Hirter, Orientierungslaufen, Hallwag Verlag,
Bern und Stuttgart, 1981.

E. Imhof, Gelände und Karte, Eugen-Rentsch-Verlag,
Erlenbach-Zürich, 1950.

Lehrbuch für das schweizerische Schulturnen, Bd. IV, hrsg. vom
Eidgenössischen Militärdepartement, 1961.